Claudia und Bernd M

# Donauradweg

## von Passau bis Wien

1. Auflage 1998

Titelgestaltung: *Rainer Schotte*, Bielefeld-Gütersloh
Titelfoto: »Stift Engelszell«, *Passau Tourismus e. V.*, Passau
Fotos: Einzelbildnachweis s. S. 160
Buchgestaltung: *Horst Krückemeier*, Bielefeld
Kartographie: *Michael Weiler*, Ettlingen
Herstellung: *Klingenberg Buchkunst Leipzig*

ISBN 3-87073-211-3

# *Inhalt*

# Einleitung

Manche Zeitgenossen sammeln Bierdeckel, andere Gartenzwerge, Wanderer schmücken den Hut gerne mit Anstecknadeln von abgeleisteten Volksmärschen. Für nicht wenige Radler aus Deutschland – sportlich mehr und weniger ehrgeizige – gehört es fast zum guten Ton, erzählen zu können: »Wir sind von Passau nach Wien geradelt.« Passau, Wien, zwei Städte mit klangvollen Namen, ein schönes Stück auseinander, beide vom großen Strom verbunden, eine prestigeträchtige Radstrecke. Doch nicht nur das: eine sehr schöne Tour ist es auch. Von der Gunst der Natur verwöhnt, mit landschaftlichen Reizen, geschichtsträchtigen Plätzen, malerischen Orten und prächtigen Bauwerken geradezu gespickt. Fast zuviel für eine Woche. Bei früheren Besuchen vor etlichen Jahren hatten wir uns einzelne Höhepunkte herausgepickt: Passau, die Dreiflüssestadt, kennt ein Oberbayer sowieso, Linz hat man irgendwann durchquert, den Verlockungen Wiens ist man früher schon verfallen, und der Wein der Wachau wurde längst einmal vor Ort gekostet.

Aber das erste Mal Passau bis Wien endlich richtig mit dem Radl zu packen, war dann doch etwas ganz Neues für uns. Viel langsamer, intensiver als bisher erlebt, lernten wir Land und Leute erschnuppern, das Leben an der Donau begreifen. Als würden wir den Fluß in uns aufsaugen, glitten wir allmählich dem Schwarzen Meer entgegen – empfanden indes Wien fast wie eine natürliche Sperre. Vielleicht wären wir sonst immer weiter gerollt.

Der ganz eigene Reiz der österreichischen Donaulande setzte zu den bisherigen Raderlebnissen in anderen europäischen Landen noch einiges oben drauf. Welcher Fluß läßt die Chance, immer unten an seinen Gestaden bleiben zu dürfen, ohne bei Talengen sich über die Höhen arbeiten zu müssen?

»Auf der schönen blauen Donau ...«

Wo haben sich die Verantwortlichen so bemüht, den Radlern fast jegliches Mitfahren im Verkehrsgerangel zu ersparen? Wir kennen nur wenige Gebiete, wo sich Gastwirte, Fremdenverkehrsämter und alle sonst am Tourismus Beteiligten so konsequent auf Radwanderer, auch wenn sie nur eine Nacht rasten wollen, eingestellt haben. Wo sonst sind Sie mit Ihrem Zweirad als Gast so begehrt? Und dies gilt vom Start in Passau bis zur Ankunft in Wien.

Nachdem wir die Gesamtstrecke zum erstenmal »am Stück« gefahren waren, wußten wir erst, was wir bisher beim Durchqueren Ober- und Niederösterreichs im Auto alles versäumt hatten. Selbst Wien bekommt aus Radlerperspektive wieder ein anderes, ganz frisches und noch viel anziehenderes Gesicht. Die letzten Jahre haben wir in dieser Hinsicht genützt. Wann immer wir gerade kurz Zeit und Lust hatten, haben wir unsere Erinnerungen am Donauradweg aufgefrischt. Jedesmal haben wir viele kleine Verbesserungen und neue Überraschungen entdeckt. Wir haben gelernt, wie abwechslungsreich es ist, die geradelten Etappen vom Vergnügungsdampfer aus bei der Rückfahrt geruhsam vorbeiziehen zu lassen. Die Fahrt mit dem Rad im Eisenbahnwaggon brachte wieder veränderte Eindrücke. Unterwegs mit Kindern unterschiedlichsten Alters konnten wir wieder andere Seiten des Donauradwegs entdecken.

Allen Lesern dieses Radführers wünschen wir genausoviel Spaß, wie wir ihn von Mal zu Mal im wahrsten Sinne des Wortes »erfahren« durften. Unsere Tips und Hinweise sollen Ihnen helfen, möglichst unbeschwert, aber mit einer Fülle von Erlebnissen am Ziel der Radstrecke anzukommen. Genießen Sie die Schönheit des Donaulandes, die Mühelosigkeit seiner Radwege und das Willkommen, das Sie als Radfahrer in unvergleichlicher Weise fast überall empfängt.

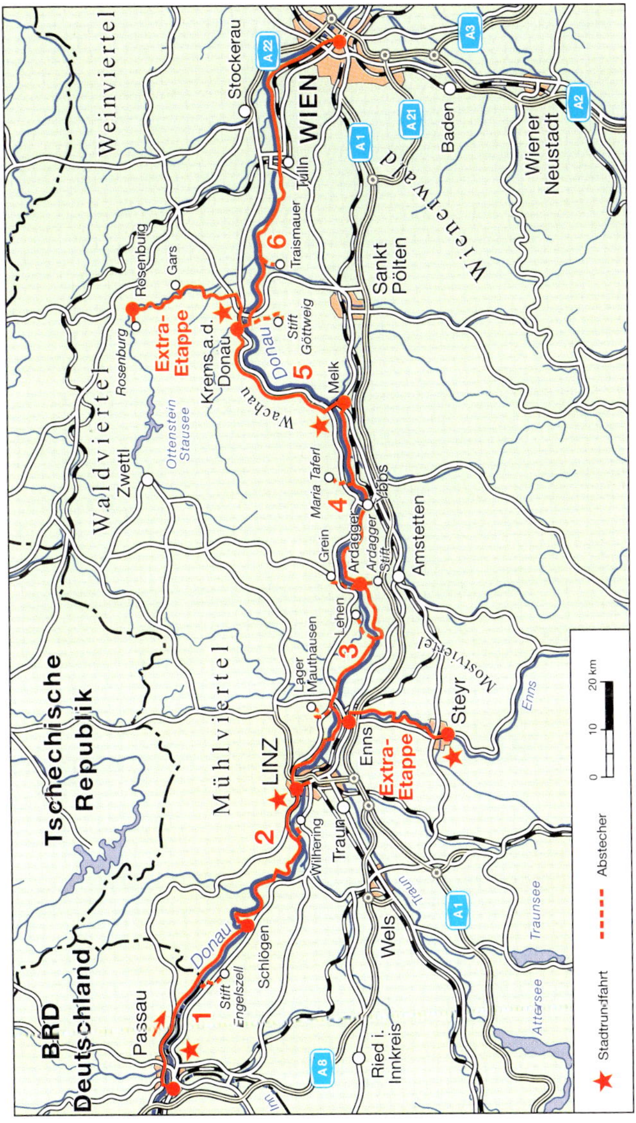
BRD
Deutschland
Tschechische Republik
Passau
Inn
Stift Engelszell
Donau
Schlögen
Ried i. Innkreis
Wels
Wilhering
Traun
LINZ
Mühlviertel
Lager Mauthausen
Enns
Steyr
Extra-Etappe
Lehen
Grein
Ardagger
Ardagger Stift
Amstetten
Ybbs
Maria Taferl
Waldviertel
Zwettl
Ottenstein Stausee
Mostviertel
Melk
Wachau
Krems a.d. Donau
Stift Göttweig
Rosenburg
Gars
Extra-Etappe
Sankt Pölten
Traismauer
Tulln
Stockerau
Weinviertel
WIEN
Wienerwald
Baden
Wiener Neustadt
Traunsee
Attersee
A1
A8
A21
A22
A3
A2
1
2
3
4
5
6
Stadtrundfahrt
Abstecher
0
10
20 km

# Über den Gebrauch des Führers

Mit dem Gefälle des Flusses zu fahren, fällt stets leichter, auch wenn der Höhenunterschied hier an der Donau recht gering ausfällt. Unterstützend bläst in unseren Breiten der Wind meist von West nach Ost. Deshalb beschreibt dieser Führer die Route auch von Passau nach Wien. Sie könnten jedoch jederzeit umgekehrt fahren, wenn Sie Lust dazu verspüren, denn die meisten Routenabschnitte sind auch recht gut in Gegenrichtung ausgewiesen. Generell ist der Donauradweg komplett mit grünen Schildern »Donauradweg« ausgeschildert: erst von den Bayern, dann folgen die Oberösterreicher, und Niederösterreich vollendet.

Mit dieser Wegweisung und der übersichtlichen Tallage können Sie sich mit unserer Routenbeschreibung als Ergänzung eigentlich nicht verfahren. Die Übersichtskarte dieses Buches müßte genügen, und den Kauf weiterer Karten können Sie sich für die Hauptroute glatt sparen. Wer trotz alledem Karten benutzen will, kann sich eine Übersichtskarte 1 : 200.000 im Buchhandel besorgen; davon genügen 2 bis 3 Blätter, je nach Blattschnitt. Wer aber für mögliche und von uns empfohlene Abstecher und Extratouren eine bessere Orientierungshilfe mag, kann beispielsweise auf gute Wanderkarten zurückgreifen. Sie zeigen dann die bewegte Topographie beiderseits der Donau wirklich gut. Dennoch: Ohne Extra-Karten kommen Sie auch nach Wien, wenn Sie die Donau und unsere Beschreibung nicht aus den Augen verlieren.

Die Routenbeschreibung unseres Führers weist Sie, liebe Leser, ohne Abschweife immer die Hauptroute entlang. Wenn Sie von kleinen Abstechern, die wir Ihnen unterwegs ans Herz legen – beispielsweise an einer Stadt nicht einfach vorbei-, sondern in sie hineinzufahren –, wieder zur ausgewiesenen Route zurückkehren, so können Sie hinterher einfach in ursprünglicher Richtung weiterfahren. In dieser klaren Systematik ist die Route dokumentiert.

Kleine Boote am großen Strom

Die rein technische Erklärung der Route, die Sie zum Finden des Weges brauchen, ist in kursiver Schrift angelegt. Ergänzungen dazwischen, zusätzliche Informationen oder Ergötzliches am Wegesrand, stehen in Normalschrift. Die Kilometrierung am Rand der Seiten orientiert sich nur an der Hauptroute. Abstecher, die Sie einlegen, müssen hinzu addiert werden.

Alle Angaben über Öffnungszeiten, Beschaffenheit der Wege, Adressen, Telefon, Fahrzeiten und andere Daten können natürlich nur ohne Gewähr erfolgen. Wir haben zuletzt im Herbst 1997 vor Drucklegung recherchiert.

## Über den Donauradweg

Erst war natürlich die Donau da, dann kam der Radweg. Daher beginnt der Donauradweg schon in Donaueschingen und nicht erst in Passau. Er führt auch weiter ins Ungarische und endet nicht in Wien. Der Abschnitt von Passau nach Wien ist allerdings die wirkliche Klassikstrecke. Sie ist überhaupt einer der ersten komplett ausgeschilderten Radfernwege.

Um so ein langes Teilstück für den Fahrradreisenden zu erschließen, braucht es eine ganze Menge Institutionen, Unternehmen und Förderer, die kräftig an einem Strang ziehen. Es war wohl eine wirkliche Sternstunde, daß das Filetstück von Passau nach Wien über nationale und internationale Grenzen hinweg so schnell zu einer durchgehenden Radroute entwickelt wurde.

Der Erfolg, den die zahlreichen Radtouristen dem Donauradweg bescheren, fand viele Nachahmer in anderen Regionen. Die Schöpfer des Donauradwegs ließen die Hände jedoch nicht untätig im Schoß liegen. Jahr für Jahr wurde die Donauroute verbessert, um neuer Konkurrenz in anderen Landen Paroli zu bieten. So entstand im Laufe etwa eines Jahrzehnts ein Stück Donauradweg, das in vielerlei Hinsicht seinesgleichen sucht. Der Zustand der Radwege, die Ausschilderung der

Route, die Reservierungssysteme, die Verpflegung unterwegs, überall haben sich die Anrainer des Donauradwegs völlig auf den radelnden Gast eingestellt. Zwar bleiben Kleinigkeiten, die vielleicht noch Grund für leise Kritik und Raum für Verbesserungen lassen, doch die Wellenlänge ist an der Donau komplett auf Radeln eingestellt.

Sehenswertes am Wegesrand

## Die Routenwahl

Die Donau bietet über fast den gesamten Streckenverlauf die Chance, sowohl links- als auch rechtsseitig zu radeln. Wir haben für Sie die jeweils attraktivere Seite mit weniger Verkehr, mehr Abwechslung und vielen Sehenswürdigkeiten ausgewählt. Lockt eine Attraktion ausgerechnet am anderen Ufer, auf der weniger günstigen Route, dann schlagen wir Ihnen lieber einen kurzen Abstecher (z. B. mit der Fähre zum Stift Engelszell) vor. Kleine Extras, kleine Zuckerl, wie der Österreicher sagt, empfehlen wir zusätzlich. Vielleicht möchten Sie einmal ins Hinterland, um nicht nur am Donauufer zu verbleiben. Wir schlagen Ihnen Ausfluge nach Steyr und zur wildromantischen Rosenburg hoch oben über dem Kamptal vor. Dabei packen Sie die Räder in die Bahn und radeln anschließend ins Donautal zurück.

## Die Länge der Tagesetappen

Die gesamten nahezu 350 km von Passau bis Wien sind in 6 Tagesetappen geteilt und damit bequem innerhalb einer Woche zu schaffen. Sie können sich Ihre Etappen natürlich genauso nach eigenem Gutdünken einteilen.

Bei der Aufteilung der Etappen haben wir uns an den landschaftlichen, geographischen und kulturellen Eigenheiten des Donaulandes orientiert. Da die Route überall gleich mühelos zu meistern ist, wurde die Tageslänge an der Anzahl Sehenswürdigkeiten und sonstiger Verlockungen (z. B. Buschenschenken) ausgerichtet. Das festgelegte Tagesetappenende dient hauptsächlich der Übersichtlichkeit der Kilometrierung. In den Nachbarorten vor oder nach dem Zielort finden sich meist genauso günstige Übernachtungsmöglichkeiten. Betrachten Sie bitte die Etappeneinteilung nicht als starres Korsett, sondern als ein lockeres Hilfsgerüst, damit Sie sich unterwegs leichter zurechtfinden.

## Beschaffenheit der Wege

Art und Zustand des Donauradwegs verändern sich fortlaufend und bieten damit viel Abwechslung. Der große Teil der Route verläuft auf sogenannten Treppelwegen; soweit diese zwei bepackte Räder breiten Dammwege zur Donauroute gehören, sind sie meist durchgehend asphaltiert. Diese Art der Uferwege heißen im Bayerischen Treidelpfad. Sie dienten ursprünglich den Zugpferden der Schiffszüge, die flußaufwärts mußten.

Manchmal weicht die Routenführung hinter den Donaudamm aus, dann führen kleine Sträßchen mit meist nur geringem Anliegerverkehr durchs Hinterland. Entlang der Hauptverkehrswege haben die Straßenbauer gesonderte Rad- und Fußwege gezogen. Diese sind in der Regel deutlich von der Autofahrbahn getrennt und kennen höchstens landwirtschaftliche Fahrzeuge als Radkonkurrenz.

An einigen kritischen Stellen verengen sich die Rad- und Fußwege vorübergehend zu relativ schmalen Bürgersteigen, die direkt an einer Bundesstraßenseite entlang führen, so in der Wachau. Hier heißt es wirklich aufpassen, wenn Gegenverkehr geradelt oder gegangen kommt, und zur Not einfach mal kurz absteigen. Generell ist die Strecke Passau–Wien fast durchgehend mit fester Decke versehen, und nur sehr kurze Abschnitte sind nicht asphaltiert. Sie könnten die Tour also auch mit eher schmalen Reifen antreten, doch reine Rennräder – vielleicht noch mit allem Gepäck auf dem Rücken – würden wir Ihnen nicht empfehlen.

Die zwei Ausflüge, die wir Ihnen anbieten (nach Steyr und ins Kamptal), erfordern schon etwas breitere Reifen, denn hier müssen Sie auch mit längeren Abschnitten auf Schotterwegen rechnen.

Auf wirkliche befahrenen Straßen sind Sie nur ganz selten unterwegs. Zumindest haben wir die Routenwahl so gestaltet, daß diese neuralgischen Punkte so kurz wie überhaupt möglich ausfallen (Ausfahrt Melk, Brücke bei Grein). Die schwierigen Stellen sind den Verantwortlichen des Donauradwegs bekannt, und es sind bereits Verbesserungen geplant.

Sie können also weitgehend unbehelligt vom Kfz-Verkehr durch die Lande radeln. Doch sollten Sie nie vergessen, daß noch weitere Radler unterwegs sind und Ihre Aufmerksamkeit immer gefordert ist. In diesem Sinne wünschen wir Ihnen Hals- und Rahmenbruch – soweit Sie das nicht wörtlich nehmen!

## Schwierigkeitsgrad

Einen Fluß entlang zu radeln, verspricht Bequemlichkeit. Wasser fließt schließlich immer nur bergab. In manchen Gegenden scheuchen die Tücken der Topographie Sie mit dem beladenen »Drahtesel« allerdings an der nächsten Talenge wieder auf Bergeshöhen. Die Donau ist ein ehrlicher Fluß, sie kennt solche Tücken nicht. Insgesamt rollt Ihr Rad von der Passauer Altstadt bis zum Donaukanal in Wien sogar über 140 Höhenmeter bergab. – Ein wirkliches Eldorado für Familien, die Kinder oder viel Gepäck – vielleicht für Camping – mitnehmen.

Doch der Donauradweg kann noch mehr Luxus bieten. Sollten Sie oder Ihre Mitradler sich einmal weniger fit fühlen oder keine Lust mehr spüren, in die Pedale zu treten, dann schieben Sie doch einfach eine Überbrückungspause ein: Verlegen Sie beispielsweise einen halben oder ganzen Radltag in die Österreichische Bundesbahn oder wechseln Sie auf Schiffsplanken. Schließlich fahren Bahn und Schiff fast immer parallel. Diese Empfehlung gilt natürlich auch für Ihre Rückreise.

## Wann ist die schönste Zeit?

Im heißen Sommer lassen sich Badeseen genießen, der Fahrtwind kühlt, und des Mittags legen Sie im Schatten eines Baumes eine Siesta ein. Natürlich herrscht dann auf den Radwegen Hochsaison. Aber das große Lamento, der Donauradweg sei des Sommers eine einzige »Radlerautobahn«, dürfen Sie getrost bezweifeln. Den bisherigen Höhepunkt des Radlerbooms erlebte die Strecke von Passau nach Wien 1994.

Seither kamen neue Routenvarianten, ein erweitertes Angebot für Unterkunft und Verpflegung sowie Reservierungsstellen direkt am Radweg hinzu. Dies alles hilft, daß nicht alle auf dieselben Orte angewiesen sind. Es fahren zwar immer noch fast alle Radler am Samstag oder Sonntag in Passau los und dann Etappe für Etappe mehr oder weniger gemeinsam bis Wien. Doch wenn Sie in der Hauptsaison Ihre Tour mitten in der Woche beginnen, dann radeln Sie quasi antizyklisch und über weite Strecken fast allein. Wenn Sie aber mit Kindern fahren, wissen Sie ja am besten: Kinder

**Wo übernachten wir heute?**

freuen sich über jede Abwechslung, und die bringt auch jeder entgegenkommende oder überholende Radler.

Wer jedoch unabhängig von Schulferien ist: Zweifellos ist die Nebensaison im Frühling und Herbst sehr angenehm, keine Hitze plagt, und die Gastgeber nehmen sich Zeit für einen Plausch. Was für eine Lust, im Frühling im heranwachsenden Blütenmeer endlich die erwachende Sonne aufs neue zu spüren. Zur Herbstzeit herrscht an der Donau oft herrlicher »Altweibersommer«, die Verfärbungen des Laubs erfreuen das Auge, und gleichzeitig beginnt die Weinlese.

## Wo und wie übernachten?

Bei der Wahl der Zimmer haben wir unterwegs fast immer positive Erfahrungen gemacht, trotzdem wollen wir keine persönlichen Empfehlungen aussprechen, da diese stets subjektiv ausfallen würden. Außerdem gibt es am Donauradweg ein riesiges Angebot in nahezu allen Komfortklassen. Statt dessen liefern wir Ihnen die Kontaktmöglichkeit zu den Fremdenverkehrsbüros, die Sie gerne mit Prospekten und genauen Informationen versorgen.

**Vorbuchung:** Generell ist für den Einzelgast in der Nebensaison kein Vorbuchen nötig. In Gesellschaft wird das schon schwieriger (siehe Reisegruppen). Sehr hilfreich sind die Rad-Informationsstellen direkt am Donauradweg. Wir haben die Hilfe dieser Vermittlungen oft genützt, denn damit kann man relativ weit vorausbuchen und hat abends am Zielort keinerlei Streß. Sie erhalten eine Art Voucher (Gutschein), auf den Sie sich verlassen können. Die Zimmervermittler sind freundlich und flink und haben manch zusätzliche Tips parat.

## Übernachten in der Natur:

**Camping:** Beim Radfahren sind Sie zwar fast ständig draußen, wer aber auch gerne nachts viel Frischluft atmet, wird zum Übernachten das Zelt aufstellen. Das ergibt Natur pur, macht doppelt Spaß und verhilft in der Regel zu schnellen Kontakten.

Ihr »Drahtesel« wird etwas stöhnen, wenn Sie das Zelt noch mit auf die Reise nehmen, aber als Camper haben Sie abends eine Sorge weniger, wenn Sie sich Ihre Kräfte so einteilen, daß Sie den nächsten Platz noch erreichen.

Wer nur einmal mit Fahrrad übernachten will, wird normalerweise nie abgewiesen, daher ist eigentlich keine Voranmeldung notwendig.

Wildcampen ist in Österreich nicht zu empfehlen, im folgenden daher die Liste der Plätze. Es sind nur die Plätze in der Reihenfolge der Route aufgelistet, die mit dem Rad sehr oder einigermaßen gut erreichbar sind:

**Passau-Irring** (ca. 10 km westlich vom Zentrum, am Donauufer)
**Passau-Ilzstadt** (am Ilzufer)
**Oberndorf-Kohlbachmühle** (an der Radroute)
**Engelhartszell** (am Südufer gegenüber, Fähre, westl. Ortsrand)
**Wesenufer** (am Südufer gegenüber, Brücke, östl. Ortsrand)
**Schlögen** (1. Fähre Au, an der Radroute)
**Innzell** (kleiner Privatplatz, an der Radroute)
**Obermühl-Erlau** (am Nordufer gegenüber, Fähre Untermühl)
**Obermühl-Kaiserau** (gegenüber von Untermühl, an der Radroute)
**Feldkirchen** (nördlich der Badeseen, nahe der Radroute)
**Ottensheim-Hofmühle** (ca. 2 km nordwestlich vom Ort, nicht an der Radroute)
**Linz** (ca. 5 km nach der Nibelungenbrücke, Pleschinger Au-Badeseen, an der Radroute)
**Au bei Naarn** (an der Radroute)
**Wallsee-Sommerau** (kleiner Privatplatz, direkt an der Route, 4 km nach Stauwerk)
**Grein** (am Nordufer gegenüber, Brücke östlich von Grein benützen)
**Willersbach** (am Donauufer 7 km vor Ybbs, an der Radroute)
**Marbach a. d. D.** (am Nordufer gegenüber, selten verkehrende Fähre Krummnußbaum benützen)
**Pöchlarn** (bei den Bootshäusern der Vereine, 1 km vor dem Ort, an der Radroute)
**Kleinpöchlarn** (am Nordufer gegenüber, Fähre benützen)
**Melk** (beim Verlassen des Donauufers am Fährhaus statt Knick geradeaus, an der Radroute)
**Emmersdorf** (nach dem Donauseitenwechsel hinter Melk an der Donau, nahe der Radroute)
**Rossatz** (am Südufer gegenüber, Fähre Dürnstein benützen)
**Krems** (auf Höhe Und direkt am Donauufer neben der Schiffsstation)
**Traismauer** (Marina an der Radroute)
**Zwentendorf** (nahe der Radroute am Ortsanfang)
**Tulln** (an der Radroute vor dem Au-Badesee)
**Klosterneuburg** (nach Bahnhof Klosterneuburg-Kierling an der Radroute)
**Wien-Ost** (Kleehäutel, neben Praterbrücke am Donaunordufer günstige Radanfahrt)
**Wien-West I und II** (in Hütteldorf, Hüttelbergstr. 40 und 80)
**Wien-Süd** zweimal (6 bzw. 10 km südöstlich des Stadtzentrums, Breitenfurter Str. 269 und 487).

**Jugendherbergen:** Die Übernachtungen in Jugendherbergen wirken sich besonders günstig auf den Geldbeutel aus. Das gilt für Familien mit Kindern und jugendliche Touristen gleichermaßen. Kontakte mit Gleichgesinnten sind in dem unkomplizierten Ablauf dieser Häuser auch schnell hergestellt. Auskünfte erhalten Sie durch die zentrale Information über Jugendherbergen:

Die Veste Oberhaus zu Passau beherbergt heute noch die Jugend.

**Österreichischer Jugendherbergsverband**, Wien, Tel. 01/ 5 33 53 53, Fax 5 35 08 61; **Österreichisches Jugendherbergswerk**, Wien, Tel. 01/ 5 33 18 34, Fax 5 33 18 34-85.

**Jugendherbergen entlang unserer Route:**

**Passau**, Veste Oberhaus, Tel. 08 51/ 4 13 51, Fax 4 37 09; **Engelhartszell**, Tel. 0 77 17/ 81 15 (auch Fax), Gruppen: Tel. Linz 07 32/ 78 27 20, Fax 7 81 78 94; **Linz**, Kapuzinerstr. 14, Tel. 07 32/ 77 87 77; **Linz**, Stanghofweg 3, Tel. 07 32/ 66 44 34, Fax 60 21 64;

**Linz**, Landesjugendherberge, Blütenstr. 23, Tel. 07 32/ 23 70 78, Fax 23 70 78-15; **Steyr**, Tel. 0 72 52/ 4 55 80 (auch Fax); **Melk**, Abt-Karl-Str. 42, Tel. 0 27 52/ 26 81, Fax 42 57; **Krems**, Ringstr. 77, Tel. 0 27 32/ 8 34 52; **Klosterneuburg-Maria Gugging**, Tel. 0 22 43/ 8 35 01; **Wien**, Jugendgästehaus, Friedrich-Engels-Platz 24, Tel. 01/ 33 28 29 40, 3 30 05 98, Fax 3 30 83 79; **Wien**, Jugendherberge, Myrthengasse 7/ Neustiftgasse 85, Tel. 01/ 5 23 63 16, 5 23 74 62, Fax 5 23 58 49; **Wien**, Gästehaus Ruthensteiner, Robert-Hamerling-Gasse 24, Tel. 01/ 8 93 42 02, Fax 8 93 27 96; **Wien**, Turmherberge Don Bosco, Lechnerstraße 12, Tel. 01/ 7 13 14 94; **Wien**, Jugendgästehaus Hütteldorf, Schloßberggasse 8, Tel. 01/ 8 77 15 01, 8 77 02 63, Fax 87 70 26 3-2; **Wien**, Schloßherberge am Wilhelminenberg, Savoyenstraße 2, Tel. 01/ 4 85 85 03-7 00, Fax -7 02.

## Wenn der Hunger plagt

Kurz gesagt: Verhungern müssen Sie nicht. Die Kalorienzufuhr kann unterwegs auf so vielfältige Weise und an fast jeder Ecke gesichert werden, daß wir auf spezielle Empfehlungen verzichten möchten.

Sie finden je nach Gusto und Geldbeutel Spitzen-Restaurants mit Kochhäubchen genauso wie ein einfaches Sportlerheim. In beiden werden Sie als radelnder Gast willkommen geheißen.

Die Küche ist im Donauland – von der gehobenen Gastronomie abgesehen – geblieben wie vor 50 Jahren, zumindest, was die Portionsgröße anbetrifft. Die Gerichte sind meist für körperlich hart anpackende Landarbeiter ausgelegt, statt für die heute mehrheitlich am Schreibtisch Tätigen. Was für ein Glück, daß Ihr »Drahtesel« vor der Wirtschaft wartet und Sie hinterher übrige Pfunde abstrampeln. Passen Sie also auf: Radfahren gefährdet Ihre Schlankheit, und davor warnt kein Gesundheitsminister, auch nicht im Kleingedruckten.

Abseits der etablierten Gastronomie haben sich zahlreiche Kleinunternehmer und Landwirte auf das radelnde Publikum eingestellt. Wenn Sie zufällig vergessen, daß Hunger oder Durst nahen könnten, dann passieren Sie sicher gerade einen kleinen Kiosk, in dem man sich Sorgen um Ihre leiblichen Genüsse macht. Mitten in einem Bauerngarten findet sich plötzlich ein Stand mit Holzbänken, in dem landwirtschaftliche Produkte eigenvermarktet werden. Wie die zahlreichen Mostjausen und Buschenschenken lockt die gemütliche ländliche Atmosphäre zum Innehalten und Rasten. Gerade diese Pausen machen schließlich den Reiz einer Reise per Rad aus, denn nur bewegen könnten Sie Ihr Fahrrad zu Hause ja schließlich auch.

## Radeln in Gruppen

Spaß und Heiterkeit wachsen meist mit der Zahl der Radler, die gemeinsam unterwegs sind. So eine Gruppenreise hat allerdings auch ihre gruppendynamischen Tücken. Aus eigener Erfahrung möchten die Autoren Ihnen den Rat geben, vor dem Start einen oder zwei »Routenkenner« festzulegen, die dann die Verantwortung übernehmen. Der Rest der Gruppe vermeidet am besten jegliches Hineinreden und genießt statt dessen unbeschwert, durch die Lande geführt zu werden. Wohltuend auf die Harmonie der Gruppe wirkt sich auch aus, wenn die Langsameren das Tempo bestimmen. Gruppen sollten sich möglichst immer vorher ankündigen und reservieren, denn viele Angebote und Leistungen sind nur auf Einzelne, Paare und Kleinstgruppen ausgerichtet. Wenn das Auftauchen einer Gruppe rechtzeitig gemeldet wird, lassen sich meist Ausnahmeregelungen arrangieren. Vielleicht wird dann ein Bus mit Radlhänger versehen, oder ein normalerweise geschlossenes Museum öffnet ausnahmsweise seine Pforten.

Auch die Unterkünfte sollten für Radgruppen von mehr als etwa 4 bis 5 Personen unbedingt vorgebucht werden, sonst könnte (auch gruppenintern!) ein Fiasko entstehen, wenn es zu Engpässen kommt.

In der Gruppe macht's noch mehr Spaß

## Tips für Familien mit Kindern

Kinder sind eben doch keine kleinen Erwachsenen und haben bei einer Radreise ganz andere Bedürfnisse als ihre großen Begleiter. Radfahren allein wird Kindern schnell langweilig, und eine schöne Landschaft interessiert sie fast nie. Sie brauchen deshalb genügend Abwechslung und Motivation: Das kann ein Wettrennen genauso wie eine Fahrt mit dem Schiff oder der Eisenbahn sein – manchmal reicht schon eine Geschichte vom Raubritter, der von seiner Burg ins Tal spähte.

Der Donauradweg eignet sich ideal für Familien mit Kindern. Deshalb haben wir spezielle Tips eingearbeitet. Immer wenn Sie das »Familien-Logo« im Text entdecken, geben wir eine Empfehlung, über die sich Kinder besonders freuen (z. B. »Kinderspielplatz rechts des Weges«) und Erwachsene vielleicht ebenso (z. B. »Schwimmbad 200 m rechts«). Einige dieser Tips gelten sogar für Vorschulkinder, falls sie noch im Kindersitz verwöhnt werden (z. B. »Märchenpark«).

Und bitte, liebe Eltern, vergessen Sie nicht: Kinder sollten keinem Ausdauertest unterworfen werden, sie brauchen große Mengen zum Trinken, und die kleineren Fahrräder müssen genauso verkehrssicher und strapazierfähig sein wie Erwachsenenräder, vom Schutzhelm gar nicht zu reden.

## Reiseveranstalter

Bequemer können Sie Ihre Tour mit einem der Reiseveranstalter gestalten. Da wird für Sie alles arrangiert, und Ihr Gepäck wartet abends schon auf Ihrem Zimmer. Dabei können Sie individuell reisen oder in Gruppen, die vom Reiseleiter begleitet werden. Einig Empfehlungen:

**Austria Radreisen**, Holzinger Str. 546, A-4780 Schärding, Tel. 00 43/ 77 12/ 55 11, Fax 48 11

**Donau-Radfreunde**, Ronthal 2, A-4090 Engelhartszell, Tel. 00 43/ 77 17/ 81 82, Fax 81 82 7

**Pedalo Radtours**, Kleine Messerasse 6, 94032 Passau, Tel. 08 51/ 3 21 24 (auch Fax)

Ohne schweres Gepäck radelt es sich sehr bequem, und meist lernen sie bei dieser Gelegenheit auch nette Leute kennen.

Gerade bei Familien mit Kindern bringt der Service des Gepäcktransports große Vorteile. Meist bleiben ja viele Zusatzgepäckstücke, die Kinder beanspruchen, ohnehin auf dem Gepäckträger der Eltern hängen.

## Schiffe auf der Donau

Natürlich ist es reizvoll und abwechslungsreich, wenigstens mal ein Stück des großen Stromes vom Wasser aus zu genießen. Im sanften Dahingleiten bekommen die Dinge zu Lande eine neue Sicht. Die Donauschiffer bieten in einigen Abschnitten des Flusses einen Linien-Service, mit dem regelmäßig von Ort zu Ort per Fahrplan verkehrt wird. Daneben erstrecken sich die Angebote auch auf verschiedene Rundfahrten.

Die Dreiflüssestadt Passau ist für eine Stadtrundfahrt prädestiniert, und abends können Sie sogar das Tanzbein schwingen. Auch die Wachau oder das Endziel Wien eignen sich für einen reizvollen Ausflug auf Donauwellen.

## Schiffahrtsgesellschaften auf der Donau:

**Donauschiffahrt Wurm + Köck**, Höllgasse 26, D-94032 Passau, Tel. 08 51/ 92 92 92, Fax 3 55 18; Büro Linz, A-4020 Linz, Untere Donaulände 1, Tel. 0043/ 7 32/78 36 07, Fax: 78 36 07-9

**DDSG-Blue-Danube-Schiffahrt**, A-1020 Wien, Handelskai 265, Tel. 00 43/ 01/ 7 27 50-4 51, Fax: -4 40

**Donau-Schiffahrt Ardagger**, A-3321 Ardagger 155, Tel. 00 43/ 74 79 / 64 64-0, Fax -10

**Brandner Schiffahrt GmbH**, A-3313 Wallsee, Ufer 50, Tel. 00 43/ 74 33/ 25 90-0, Fax 25 90 25.

Das erste Stück Radroute, Passau–Obernzell, führt leider wenig reizvoll direkt an der Bundesstraße entlang. Wenn Kinder mitradeln, sollten Sie diesen Abschnitt vielleicht geschickterweise an Bord zurücklegen. Übrigens transportiert die verantwortliche Schiffahrtsgesellschaft Wurm + Köck Ihre Räder gratis (Tel. 08 51/ 92 92 92). Wenn Sie im Linienschiff gleich bis Engelhartszell bleiben, kommt sogar eine Schleusendurchfahrt: faszinierend nicht nur für Kinder.

Räder einladen in den Radtramper

## Anreise nach Passau

Der Startpunkt Passau liegt für Bahn und Kfz gleichermaßen verkehrsgünstig, und sogar mit dem Fahrrad könnten Sie die Donau entlang anreisen. Die Kfz-Anreise ist bei drei Autobahnzufahrten problemlos, doch wo soll das Auto während der Radreise stehen? Hotels im Zentrum haben kaum genügend Stellflächen und können nur übernachtende Gäste unterstellen lassen. Abhilfe bietet ein Reisebüro, das Ihr Auto abholt und unterstellt. Die Kosten betragen wöchentlich ab 98,– DM. Das Unterstellen in einer Garage kostet noch etwas mehr. Diese Serviceleistungen sollten Sie aber unbedingt vorab telefonisch arrangieren (Reisebüro Ecker, Tel. 08 51 / 3 42 62, Fax 3 42 92).

Bei der Anreise per Bahn entfällt das Parkproblem in Passau. Alle 2 Stunden besteht EC-/IC-Anschluß, und Ihr Rad können Sie am reservierten Stellplatz mitnehmen. Wenn Sie wollen, können Sie Ihr Gepäck vorausschicken, Ihr Fahrrad allerdings nur in einer Karton-Verpackung.

Der Rad-Verleih der Deutschen Bahn und von Pedalo Radtours in Passau ermöglicht auch eine Anreise ohne eigenes Fahrrad. Mit der Bahn-Card erhalten Sie bei der DB sogar einen Rabatt. Sie sollten sich allerdings um die Räder unbedingt vorab kümmern, sonst wird aus Ihrem Radurlaub noch ein Wanderurlaub.

**Die Adressen der Radverleiher:**
**DB Passau Hbf**, Tel. 08 51/ 53 04-3 97
**Pedalo Radtours**, Passau, Tel. 08 51/ 3 21 24.

## Die Rückreise nach Passau

Unsere Routenbeschreibung führt Sie direkt zum Wiener Franz-Josefs-Bahnhof, von dort bringt die Österreichische Bundesbahn (ÖBB) Sie und Ihre Räder mit dem »Radtramper« zurück nach Passau. Parallel fährt noch ein etwas langsamerer Zug über die Wachau – falls Sie dort hängen bleiben sollten. In St. Valentin vor Linz werden die Waggons wieder zusammengekoppelt, und so kämen Sie auch nach Passau zurück.

Der »Radtramper« fährt vom 1. bis 31.5. Samstag, Sonntag und Feiertag und vom 1.6. bis 26.10. täglich um 9.20 Uhr am Wiener Franz-Josefs-Bahnhof ab und kommt um 15.21 Uhr in Passau an. Dieser Zug hält auch in Klosterneuburg, Tulln und Traismauer, falls Sie nicht ganz bis Wien radeln möchten.

Von Wien-Westbahnhof aus fahren Züge nach Köln, Hamburg und München. Manchmal gelten auch Sonderarrangements. Auskünfte: ÖBB Kundendienst Wien 00 43/1/ 58 00-3 39 99, Fax -2 56 45.

## Die Bahn unterwegs

Von Aschach (2. Etappe) an läuft abschnittsweise auf einer Donauseite, teilweise auf beiden, die Bahnlinie parallel zum Fluß. Fast in jeden Nahverkehrszug können Sie einsteigen und ein Stück mitfahren. Wir können leider nicht die Ankunft- und Abfahrtzeiten aller Stationen entlang der Strecke aufführen. Doch an jeder Station sind Fahrpläne ausgehängt, und Bahnhöfe in größeren Orten sind mit auskunftsfreudigem Personal besetzt.

Für die Österreichischen Bundesbahnen möchten wir an dieser Stelle eine Lanze brechen. Die Mitarbeiter der ÖBB haben sich wirklich auf die Radler als Kunden eingestellt, bei allen Kontakten waren sie hilfsbereit, geduldig und freundlich, da machte es wirklich Spaß, mal ein Stück »mit dem Zug zu radeln«.

Übrigens benötigen Sie zu Ihrem normalen Ticket noch zusätzlich eine Karte für Ihr Fahrrad: Tageskarte 30 öS, Wochenkarte 90 öS, bei Grenzüberschreitung 140 öS, nach Ermäßigungen fragen.

## Österreich-Informationen anfordern

Wenn Sie von Deutschland aus nach Österreich telefonieren oder faxen, dann wählen Sie 00 43 vor und lassen die Null der jeweiligen Ortsvorwahl weg. Teilweise wird bei der Wiener

Bergiges Land – ebener Radweg

Ortsvorwahl noch die alte 222 angegeben. Von Deutschland aus funktioniert jedoch nur die neue »1«, also für Wien 00431.

Wenn Sie teure Auslandsgespräche vermeiden möchten, können Sie auch in Deutschland Auskünfte einholen oder Prospektmaterial bestellen: Österreich Information, Postfach 1231, D-82019 Taufkirchen, Tel. 0 89/ 6 66 70-1 00, Fax 6 66 70-2 00.

# Passau–Schlögen

## Vom Bayerischen Wald ins Mühlviertel

Fast wie ein Schiff schwimmt Passau zwischen der Veste Oberhaus und dem Stift Mariahilf. Eine Fülle von Sehenswürdigkeiten, interessante Museen, kleine beschauliche Gäßchen mit attraktiven Geschäften, unerwartete Ausblicke auf Inn, Donau und Ilz erwarten die Besucher der Stadt und können den Start der Tour immer wieder hinauszögern. Die erste Tagesetappe ist daher bewußt sehr kurz gewählt. Auf der Südseite der Donau grenzt Passau fast unmittelbar an Österreich. Wir verlassen die Dreiflüssestadt am nördlichen Donauufer. Die dichtbewaldeten und steilen Hänge des Bayerischen Waldes bestimmen dort den Grenzverlauf. Der Radweg führt noch einige Kilometer in Deutschland durch das enge, waldreiche Tal an der Donau – leider direkt neben der Bundesstraße – bis nach Obernzell. Dort sind das Keramik- und das Graphitmuseum einen Besuch wert. Bei Jochenstein passieren wir die Radlergrenze zu Österreich und treffen auf das erste Wasserkraftwerk unserer Donaureise, eines der größten seiner Art in Europa. Es wurde schon in den 50er Jahren in deutsch-österreichischer Zusammenarbeit errichtet. Eine Fähre bringt Kulturinteressierte zu einem Abstecher auf die Südseite zum Stift Engelszell, dem einzigen Trappistenkloster Österreichs, ein barockes Kleinod. Auf der rechten Donauseite gibt es keinen durchgehenden Radweg, wir fahren daher besser linksseitig fast völlig verkehrsfrei weiter bis zum Ende unserer Tagesetappe und wechseln in Au mit der Fähre nach Schlögen über.

Passau, ein reizvoller Start

## Kurzbeschreibung und Informationen

**Streckenlänge:** 40 km, optional: Stadtrundfahrt Passau 5 km, Besuch Stift Engelszell 3 km.

**Wegbeschaffenheit:** Fahrbahn durchgehend asphaltiert.

**Verkehr:** Zunächst bis Obernzell getrennter Rad- und Fußweg neben Hauptverkehrsstraße, dann kleinere Straße und ab Jochenstein nur noch Anliegersträßchen bis zur Fährstation.

**Bahnverbindungen:** hier keine passende Bahnstrecke.

**Schiffsangebot:** Täglich 10–17 Uhr Drei-Flüsse-Stadt-Rundfahrten in Passau (45 min., Erwachsene 10 DM), samstagabends Tanzfahrten, Linienfahrten bis Obernzell oder Engelhartszell siehe Extratip. Ansonsten legt das Linienschiff unterwegs an: in Niederranna 15.10, Wesenufer 15.20, Schlögen 15.40, Obermühl 16.20, Untermühl 16.50, Aschach 17.35 Uhr (Zeiten gelten nur saisonal). Weitere Fragen: Donauschiffahrt Wurm + Köck, Passau, Tel. 08 51/ 92 92 92, Fax 3 55 18.

**Sehenswürdigkeiten:** *Passau:* siehe Stadtrundgang, *Obernzell:* Keramikmuseum, Rokokokirche, *Jochenstein:* Kraftwerk-Informationszentrum, *Engelhartszell:* Stift Engelszell.

**Übernachtung:** In Passau für jeden Anspruch und Geldbeutel alles vorhanden; sonst Gasthöfe oder Hotels entlang der Route in Erlau, Obernzell, Niederranna und Schlögen, auf der Südseite mittels Abstecher in Engelhartszell und Wesenufer. – Privatzimmer: die ganze Strecke entlang. – Jugendherbergen: Passau Veste Oberhaus, Radherberge Engelhartszell. – Camping: Passau-Irring, Passau-Ilzstadt, Oberndorf-Kohlbachmühle, Engelhartszell, Wesenufer, Schlögen.

**Gaststätten:** In Passau vielfältiges Angebot, sonst Verpflegung möglich in den oben angeführten Orten mit Gasthöfen. Zusätzlich 3 km nach der Landesgrenze kleine bäuerliche Jausenstation in Kramesau.

**Bademöglichkeiten:** Hallenbad und 2 beheizte Freibäder in Passau, öffentliches Hotelbad in Schlögen.

**Rad-Info am Donauweg:** Passau: am Hauptbahnhof, Tel. 08 51/ 9 55 98-17, Kramesau/A: Tel. 0 72 85/ 5 59.

**Orts-Informationen:** *Passau:* D-94032, Tel. 08 51/ 9 55 98-0, *Obernzell:* D-94128, Tel. 0 85 91/ 18 77, *Engelhartszell:* A-4090, Tel. 0 77 17/ 82 45, *Waldkirchen/ Wesenufer:* A-4085, Tel. 0 77 18/ 25 50.

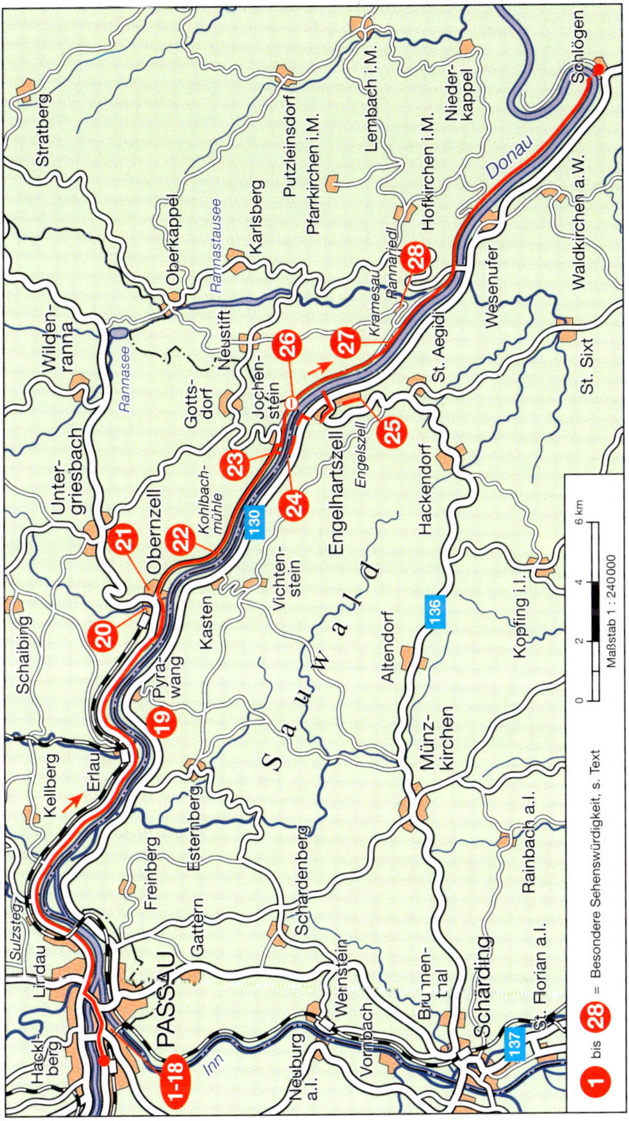
Stratberg
Wilden-
ranna
Unter-
griesbach
Schaibing
Kellberg
Erlau
Sulzsteg
Lindau
Hackl-
berg
PASSAU
Inn
Neuburg
a.I.
Vornbach
Wernstein
Gattern
Freinberg
Esternberg
Schardenberg
Pyra-
wang
Kasten
Obernzell
Kohlbach-
mühle
Vichten-
stein
130
Gotts-
dorf
Jochen-
stein
Rannasee
Neustift
Rannastausee
Oberkappel
Karlsberg
Putzleinsdorf
Pfarrkirchen i.M.
Lembach i.M.
Hofkirchen i.M.
Nieder-
kappel
Schlögen
Donau
Engelhartszell
Engelszell
Kramesau
Rannariedl
St. Aegidi
Wesenufer
Waldkirchen a.W.
St. Sixt
Hackendorf
Altendorf
136
Sauwald
Münz-
kirchen
Kopfing i.I.
Rainbach a.I.
St. Florian a.I.
Brunnen-
thal
Schärding
137
1-18
19
20
21
22
23
24
25
26
27
28
1 bis 28 = Besondere Sehenswürdigkeit, s. Text
0 2 4 6 km
Maßstab 1 : 240000

## Die Stadt Passau

Die gewölbte Landzunge am Zusammenfluß der drei Flüsse **Donau**, **Inn** und **Ilz** wurde bereits vor mehr als 2.000 Jahren vom keltischen Stamm der Boyer besiedelt, sie nannten den Ort **Bojodrum**. Auch die Römer erkannten die strategisch wichtige Lage an den zwei großen Strömen und gründeten eine Militärstation: Aus **Castra Batavis**, dem Namen der Garnison, wurde **Bazzava** und schließlich **Passau**. Im Jahre 460, als sich der Untergang des Römischen Reiches immer mehr abzeichnete, organisierte sich die christliche Kirche in Passau unter dem heiligen Severin. 739 macht Bonifatius die Stadt zu seinem Bischofssitz, der bald an Bedeutung zunahm. Die Ambitionen Bazzavas, die Slawen im Osten zu missionieren, wurden jedoch von Rom gestoppt. Der Einfluß der ehrgeizigen Bischöfe wurde damit zwar etwas eingeschränkt, doch gelang es ihnen, im Mittelalter immer mehr Macht zu erlangen. Und 1217 stiegen sie sogar zu reichsunmittelbaren Fürstbischöfen auf.

Der auf der Schiffahrt beruhende Handel, vor allem mit dem weißen Gold – dem Salz –, machte Passau im Mittelalter zu einer der wohlhabendsten Städte des Reichs. Der Wohlstand, den die Bürger durch Handwerk und Handel erworben hatten, ließ sie Machtansprüche stellen, was den Bischöfen überhaupt nicht gefiel. 1298 und 1367 kam es zu Bürgeraufständen, die jedesmal mit einer blutigen Niederlage für das Volk endeten.

Sein heutiges italienisches Flair verdankt Passau eigentlich zwei Katastrophen: Als 1662 und 1680 Großbrände die Stadt in Schutt und Asche legten, wurde sie von bedeutenden Baumeistern aus Italien wieder aufgebaut

Mitte des 18. Jahrhunderts wurde Passau Bayern einverleibt, die Herrschaft der Fürstbischöfe endete, mit ihr verlor die Stadt die erworbenen Rechte und Freiheiten. Auch wirtschaftlich ging es bergab, die Eisenbahn verdrängte die Fluß-

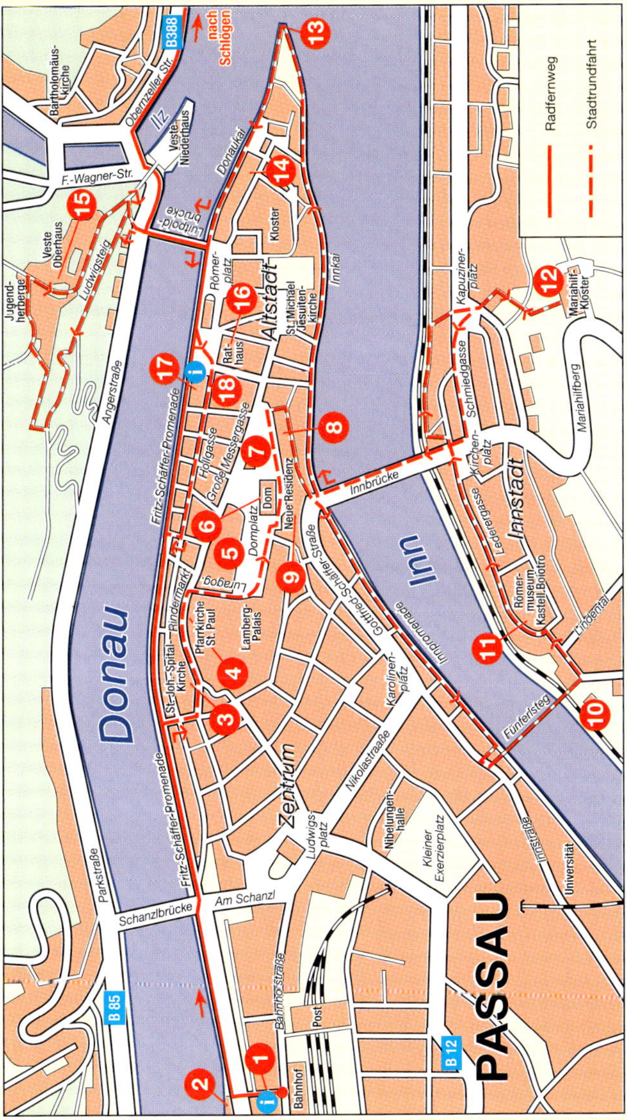
Radfernweg
Stadtrundfahrt
Donau
Inn
Ilz
PASSAU
Altstadt
Innstadt
Zentrum
nach Schlögen
B388
B 85
B 12
Bartholomäus-kirche
Obernzeller Str.
Veste Niederhaus
F.-Wagner-Str.
Veste Oberhaus
Jugend-herberge
Ludwigsteig
Angerstraße
Parkstraße
Schanzlbrücke
Am Schanzl
Luitpold-brücke
Donaukai
Kloster
Römer-platz
St. Michael Jesuiten-kirche
Innkai
Rat-haus
Fritz-Schäffer-Promenade
Höllgasse
Große Messergasse
Dom
Domplatz
Neue Residenz
Luragog.
Rindermarkt
St.-Joh.-Spital-Kirche
Pfarrkirche St. Paul
Lamberg-Palais
Innbrücke
Gottfried-Schäffer-Straße
Innpromenade
Karolinen-platz
Nikolastraße
Fünferlsteg
Nibelungen-halle
Kleiner Exerzierplatz
Ludwigs-platz
Bahnhofstraße
Post
Bahnhof
Innstraße
Universität
Kapuziner-platz
Mariahilf-Kloster
Schmiedgasse
Mariahilfberg
Kirchen-platz
Lederergasse
Römer-museum Kastell Boiotro
Lindental
1
2
3
4
5
6
7
8
9
10
11
12
13
14
15
16
17
18

schiffahrt völlig; Passau verlor seine Bedeutung als Handelsstadt und Verkehrsknotenpunkt. Niederbayern wird seither von Landshut aus regiert, und Passau geriet lange Jahre in den toten Winkel Deutschlands. 1972 vergrößerte eine Gebietsreform das Stadtgebiet, und die Gründung einer Universität 1978 löste kulturell wie wirtschaftlich einen Aufschwung aus.

Dem Tourismus hat der lange Dornröschenschlaf nicht geschadet – im Gegenteil: Das einmalige, geschlossene historische Stadtbild, dem auch der Krieg bis auf die Sprengung der Brücken keinen Schaden zufügte, zieht jedes Jahr Tausende in die Dreiflüssestadt.

## Sightseeing per velo: Passau

Die Rad-Informationsstelle von Passau befindet sich in der Touristinfo (1) gegenüber dem **Hauptbahnhof**. Hier werden Zimmer von Passau bis nach Oberösterreich vermittelt.

Die Touristinfo hat in einem kostenlosen Prospekt alles zusammengestellt, was speziell Kinder in Passau angeht.

Die Stadtrundfahrt per Rad beginnt daher gleich am **Hauptbahnhof**. Wir fahren vom Hauptausgang rechtwinklig weg und kommen leicht bergab zum Donauuferradweg. Gleich links das **Rotel Inn** (2), Hotel und Kunstwerk zugleich.

**Tip**

### Der »ruhende Mensch« lockt Radler

Mit Weitsicht hat ein engagierter Unternehmer sein Radler-Hotel realisiert, als die meisten noch gar nicht an einen Radlboom in Passau glauben mochten. Nicht nur die Idee wirkt ausgefallen, sondern auch deren Umsetzung. Die bunte, unkonventionelle Hotelfassade am

Donauufer versinnbildlicht als modernes Kunstwerk den »ruhenden Menschen«.

Innen blieb die Ausstattung ganz gewollt eher einfacher: Bis zu drei der Mini-Zimmer (4 x 1,5 m) teilen sich einen Hygienetrakt. Doch jene Radler, die auf Komfort verzichten, werden direkt an Donauradweg und Hauptbahnhof im »Hotel der Zukunft« mit Minipreisen belohnt.

**Am Donauufer** wenden wir uns dann nach rechts und fahren gen Osten. Am Nordufer gegenüber erfreuen die abwechslungsreichen **Fassaden** der Donauhäuser. Etwa 200 m nach der **großen Donaubrücke** biegen wir rechts ab hinter die ersten Häuser an der **Donaupromenade**. Wir passieren erst die **Roßtränke** und dann den **Rindermarkt** (3). Beide Tierarten fehlen heutzutage, statt dessen treffen Sie meist Drahtesel.

## Tip Die Alt-Passauer Goldhauben

Gold und Reichtum stiegen Passauer Bürgerinnen einst wortwörtlich zu Kopfe, pflegten doch die Damen, als standesgemäßes Zeichen ihres Ansehens das Haupt mit einer Goldhaube zu schmücken.

Noch heute werden diese Alt-Passauer Goldhauben in über 350 mühevollen Arbeitsstunden mit vergoldeten Folien, Flitter und Draht zu kunstvollen Ornamenten auf Goldbänder gestickt.

Die Confiserie Simon fertigt im Sinne dieser Tradition in Handarbeit ein Markenzeichen unserer Tage: Pralinés, die mit echtem 23karätigem Blattgold verziert werden und als Geheimtip aller Schleckermäuler gelten. Halten Sie es wie die Autoren: Beim Start in Passau haben wir uns zunächst selber an den Trüffelkompositionen gelabt und zum Reiseende deckten wir uns dort mit Mitbringseln für die Daheimgebliebenen ein (Café Simon, hier am Rindermarkt 10).

Nach der barocken **Pfarrkirche St. Paul** (4) steuern wir rechts in die kleine *Luragogasse* und erreichen das untere Ende des *Domplatzes* (5).

Trotz seiner großen Fläche wirkt der zum **Dom** aufsteigende Platz, gesäumt von zwei Reihen Lindenbäumen, relativ geschlossen. Um 1250 wurden die normal Sterblichen tatsächlich vom Zugang zum Platz ausgeschlossen. Erst mit der Errichtung des stattlichen **Denkmals** für den ersten bayerischen **König Max I. Joseph** (gest. 1825) wurde der Domplatz wieder der Öffentlichkeit zugänglich gemacht. Die Häuser am Platz zeugen in ihrer eher unauffälligen Pracht von der Bedeutung der einstigen Domherren, ihr Sitz gruppierte sich um den Domplatz. Links vom Dom versteckt sich hinter stattlicher Fassade der **Domhof**. Reste des gotischen Kreuzganges, viele Grablegen und Grabplatten sowie verschiedene Kapellen künden von den Verstorbenen, die hier ihre ewige Ruhe fanden.

Der **Dom** (6) selbst war 1.000 Jahre lang Zentrum des größten Bistums im Deutschen Reich. Für die Zeit um 450 wird die erste Kirche vermutet, der jetzige Barockbau wurde zwischen 1668 und 1693 errichtet. Allein durch seine monumentale Größe beeindruckt **St. Stephan** schon, doch auch die vielfältigen Meisterwerke all der verschiedenen Kunsthandwerker, die hier zu einem Ganzen verwoben wurden,

Reichtum, der zu Kopf steigt?

überfordern schier die Aufnahmefähigkeit. Das Auge verliert sich in der Pracht des Stucks, der Fresken, Schnitzereien, Plastiken und der kunstvollen Altäre. Eine schöpferische Inszenierung aller beteiligten Künstler, die ergreifend zum Tragen kommt, wenn die Stille durch den machtvollen Klang der riesigen Domorgel ersetzt wird. Dann wirkt die kolossale Architektur des barocken Gesamtkunstwerkes fast übermächtig. Orgelkonzert jeweils werktags um 12 Uhr, Eintritt 4 DM.

Direkt unter dem **Glockenturm** führt die *Zengergasse* zum *Residenzplatz* (7) auf der Rückseite des Domes. Seine schräge Lage und der 1903 eingesetzte **Wittelsbacher Brunnen** prägen den lebendigen Platz. Er wird eingerahmt von zahlreichen schmucken Patrizierhäusern und der **Neuen Residenz** (8). **Domschatz**, **Diözesan-Museum** und das wunderschöne **Rokokotreppenhaus** warten auf Besichtigung. Den *Residenzplatz* verlassen Sie dann nach rechts bergab durch die

*Innbrückgasse,* die vor dem **fürstbischöflichen Opernhaus** (9) auf den Inn stößt. Wir fahren die *Innpromenade* entlang und wechseln erst an der zweiten Brücke *(Fünferlsteg)* hinüber zur Innstadt (Räder schieben!).

Vom Fluß aus erkennt man deutlich, wie der Domkomplex völlig in die Altstadthäuser integriert ist. Die Altstadt hält den Dom geradezu umschlungen. Direkt neben der Brücke steht die **Severinskirche** (10).

Die **Innstadt** gegenüber hat einen völlig eigenen Charakter, entspricht sie doch einer langen Häuserzeile, die sich durch die Innschiffahrt bedingt ans Ufer geschmiegt hat und in allen ihren Funktionen ursprünglich zum Wasser ausgerichtet war. Da heute jedoch das Bahngleis direkt am Flußufer entlang führt, müssen wir Radler nach innen in eine Gasse ausweichen und können bei dieser Gelegenheit die innstädtische Bauweise bewundern.

Auf das **Römermuseum Castel Boiotro** (11) (Öffnungszeiten: 1. März bis 30. November, täglich außer Montag 10–12 und 14–16 Uhr) stoßen wir unmittelbar nach der Einfahrt durch das alte Stadttor.

Folgen wir dem ausgeschilderten Radweg Richtung Linz, dann kommen wir weiter östlich zum Ufer zurück (vor dem Bahngleis). Hier eröffnet sich nochmals ein imposanter Blick hinüber zur Altstadt.

Noch vor dem Bahngleis ein kurzes Stück weiter innabwärts und nach rechts führt die *Schiffsmühlgasse* hinauf zum *Kapuzinerplatz*. Gegenüber beginnt die *Wallfahrtstiege*, die zu **Maria Hilf** (12) hinauf führt. **Maria Hilf** besichtigt man am besten zu Fuß und stellt die Räder hier unten ab. An der Treppe hängen weiter oben mannigfaltige Votivtafeln.

Östlich der Kirche, etwas unterhalb des Kirchenbaus, lockt ein phantastischer Blick über Passau und die Einmündung des Inns in die Donau. Wieder unten angekommen, fahren wir die *Kapuzinerstraße* und die *Schmiedgasse* hinunter zur *Innbrücke*.

## Tip Wieso fließt nicht der Inn ins Schwarze Meer?

510 Kilometer mißt der Inn von seiner Quelle im Engadin, bevor er in Passau in die Donau mündet. Aber wieso ist es nicht umgekehrt? Immerhin ist der Inn bei der Flußhochzeit 180 m breit, die Donau nur 125 m. Daß eigentlich der Inn seinen Lauf ins Schwarze Meer fortsetzt und nicht die Donau, können Sie in Passau unschwer schon an der Farbe des Wassers erkennen.

Gleich nach der *Innbrücke* müssen wir rechts zum *Innkai* hinunter. Der Inn fließt zum **Dreiflüsseeck** (13), und wir folgen ihm. Wenn wir uns an den gewaltigen Wassermassen, die hier zusammenströmen, satt gesehen haben, schwenken wir nach links und passieren am Donauufer die Anlegestellen der Donauschiffe aus aller Herren Länder. Zur Linken befindet sich hinter einer der prächtigen Hausfassaden am Donaukai das **Museum Moderne Kunst** (14). Die folgende Hängebrücke öffnet nach rechts die spätere Ausfahrt Richtung Wien. Auf der anderen Brückenseite beginnt aber auch der Fußweg hinauf zur **Veste Oberhaus** (15) mit phantastischem Rundblick über das ganze Land und mehreren Ausstellungen. Wenn Ihnen der Aufstieg zu Fuß zu mühselig erscheint, fahren Sie einfach am *Donaukai* weiter bis zum **Rathaus** (16). Von dort aus erleichtert ein Pendelbus den Zugang zur Veste.

## Tip Veste Oberhaus

Die Veste ist selbst schon eine Attraktion: Von unten betrachtet, bietet sie einen recht trutzigen Anblick, von oben belohnt ein herrlicher Ausblick auf »Stadt, Land, Fluß«. Innen verbirgt sich heute auch das kulturgeschichtliche Museum von Passau. Den Schöpfern der Ausstellung ist es hervorragend gelungen, Geschichte und Dokumente aus der Dreiflüssestadt so aufzubereiten, daß die Bilder der Vergangenheit lebendig werden. Das städtische Leben im Mittelalter, die Rolle des weißen Goldes, die Wirkung des Zunftwesens, alle Themen sind beeindruckend und spannend dargestellt. Ab Mai 1998 rücken zusätzlich das Leben und Treiben auf den Schlössern und Burgen in den Mittelpunkt. Öffnungszeiten: Dienstag bis Freitag 9–17 Uhr, Samstag und Sonntag 10–18 Uhr, Eintritt: Erw. 6 DM, Familienkarte 14 DM, Gruppenermäßigung, Kasse Tel. 08 51/ 4 66 98, Pendelbus ab Rathausplatz jede halbe Stunde von 10.30–17.00 Uhr.

**Jugendstil im Glasmuseum**

Am Rathausplatz steht das mächtige Verwaltungsgebäude, das sich seit Jahrhunderten ständig erweitert hat. Es wirkt geradezu palazzoartig und zeugt von der Wirtschaftskraft, die Passau einst prägte. Rechts des Rathauses befindet sich eine weitere Touristinformation (17) und im »Hotel Wilder Mann« das **Glasmuseum** (18): Von hier ging der Handel mit den geschmackvollen Meisterwerken der Glasbläser des Bayerischen Waldes bis in weite Ferne (Öffnungszeiten: täglich 10–16 Uhr, Vor- und Nachsaison 13–16 Uhr).

Vor dem Hotel beginnt die *Höllgasse*, in der sich viele Künstler und Handwerker niedergelassen haben. Die Gasse führt wieder zur *Donaulände* zurück.

Viele interessante Eindrücke und unvergeßliche Erlebnisse können Sie abseits der beschriebenen Stadtbesichtigung noch mitnehmen, bevor Sie Passau über die *Hängebrücke* endgültig verlassen.

*Wir fahren von der* ***Altstadt*** *aus über die* ***Hängebrücke*** *auf das steile Nordufer der Donau zu und biegen an der anderen Seite der Hängebrücke nach rechts auf den* ***Rad- und Fußweg*** *ein, unterqueren die* ***Veste Niederhaus*** *und fahren nach der* ***Ilzbrücke*** *sofort rechts in die* ***B 388****. Diese Route führt immer auf dem Rad- und Fußweg oder eigenem Radweg bis* ***Obernzell****.* *0 km*

## Ein Donauabschnitt per Schiff

Wenigstens ein kleines Stück Donau sollten Sie per Schiff erobern, das erwarten die Donaunixen. Für Familien mit Kindern bietet sich neben den Stadtrundfahrten in Passau gleich der erste Radlabschnitt an. Die Radroute Passau bis Obernzell bietet wenig Aufregendes und führt parallel zu einer verkehrsreichen Bundesstraße. Die Fahrt mit dem Donauschiff wird da gewiß entspannter, und wenn Sie gleich bis zur nächsten Station Engelhartszell weiterbuchen, dann wird die Schiffsschleuse in Jochenstein genommen. Das dürfte Ihre Kinder sicher fesseln.

**Die Fahrzeiten:**

| | | | | |
|---|---|---|---|---|
| **Passau** | 09.00 | 10.00 | 11.00 | 14.20 |
| **Obernzell** | 09.45 | — | 11.45 | 15.05 |
| **Engelhartszell** | — | 11.25 | — | 15.50 Uhr |

Fahrpreise bis Obernzell 14 DM, bis Engelhartszell 18 DM, Kinder von 4–14 Jahren halber Preis, Fahrradmitnahme bis Linz generell gratis. Zeiten und Preise gelten in der Saison vom 1. Mai bis 4. Okt. 1998. Sonst bitte nachfragen bei Donauschiffahrt Wurm + Köck, Tel. 08 51/ 92 92 92, Fax 3 55 18.

Mit dem Fahrrad können wir diese Etappe immer nur parallel zur *verkehrsreichen Bundesstraße* meistern, doch welch kostspieligen Abschnitt benützen Sie hier! Nahezu 10 Millionen DM wurden in den etwa 15 km langen Radwegeabschnitt Passau–Obernzell gesteckt, um den Ansprüchen der Umwelt gerecht zu werden. Statt mit Bollwerken aus Beton wurden die Ufer mit Schotterkästen – sogenannte »kalte Mauern« – in den Fluß installiert.

## Tip Das Schneiderschlößl

Kurz vor Obernzell schaut vom rechten Donauufer eine Burg herab. Mit Krämpelstein (19) verbindet man eine gar fürchterliche Geschichte: Wie die Sage erzählt, wollte ein Schneider seine gestorbene Ziege vom Burgturm in die Donau schleudern. Sein Gewand verfing sich jedoch in den Hörnern des toten Tieres, und er wurde mit in die Tiefe gerissen. Seitdem heißt die Burg im Volksmund Schneiderschlößl.

*Sobald die ersten Häuser von **Obernzell** auftauchen, biegt nach rechts eine Straße zum **Bootshafen** ab. Diese **Straße am Hafen** führt direkt auf die Haupteinfahrt von **Campingplatz** und **Bootshafen** zu. Ein Weg führt nach links am Hafenbecken entlang, geht über in einen Rad- und Fußweg und endet im Ort **Obernzell** in der Uferstraße.*

**Obernzell** ist ein kleiner, gemütlicher Markt; der Kern beschränkt sich jedoch auf die *Hauptstraße*. Von der *Uferstraße* aus führen kleine Stichstraßen zur Hauptstraße, wo sich die gesamte Gastronomie und Geschäftswelt befindet. Auf der Nordseite finden Sie eine ansehnliche **Kirche** (20) mit drei wunderschönen **Barockaltären**.

*15 km* *Die Uferstraße endet schräg T-förmig am Ortsrand von Obernzell, und wir fahren rechts weiter nach Jochenstein.*

Gegenüber dieser Einmündung das **Schloß Obernzell** (21). Es wurde 1426 von den Passauer Bischöfen gegründet und beherbergt ein sehenswertes **Keramikmuseum**, das zum Bayerischen Nationalmuseum gehört (April bis Oktober geöffnet, Di.–So. 10–17 Uhr, Mo. geschlossen).

*19 km* *Kurz nach Obernzell gibt es in **Kohlbachmühle** (22) einen **Campingplatz** mit Gastwirtschaft. Die kleine*

*Straße führt dann weiter bis nach **Jochenstein**. Dort hat normalerweise eine **Rad-Informationsstelle** (23) geöffnet, die Zimmer vermitteln hilft.*

Im Frühjahr 1999 eröffnet hier ferner das **»Haus am Strom«**, eine, wie es das Konzept verspricht, einzigartige erlebnisgeprägte Zukunftsausstellung. Einige Beispiele, was Sie dort erwarten soll: Rudergeräte lassen Sie dic Kraft der Donau spüren, mit den Probierwässern an der Wasserbar testen Sie Ihre Zungenspitze, und der schwimmende Boden fordert Ihr Balance-Gefühl.

**Gelegenheit zum Seitenwechsel: Staustufe Jochenstein**

*Wer hier keinen Abstecher wünscht, könnte die Straße gleich weiterfahren. Wer sich aber zum **Informationszentrum Jochenstein** (24) (ausgeschildert) begibt, muß in Höhe der Bushaltestelle rechts einbiegen, um über das **Stauwerk** auf die **andere Donauseite** zu gelangen. Sie können hinter-* *21 km*
*her zurück und am Nordufer weiterfahren.*

## Tip Die Kraft der Donau

Rund 350 km fließt die Donau durch Österreich bei einem Gefälle von mehr als 150 m. Die gewaltige Wassermenge des Flusses birgt ein riesiges Energiepotential, das Ende der 50er Jahre erstmals zur Stromerzeugung genutzt wurde. Damals ging das Donaukraftwork Ybbs-Persenbeug in Betrieb. Mittlerweile stehen neun Kraftwerke an der Donau, die alle nach demselben Prinzip arbeiten: Das aufgestaute Wasser der Donau strömt in die Turbine und bewegt dort das Laufrad.

Die dabei entstehende Kraft wird über eine Welle an den Rotor des Generators weitergegeben. Diese setzt die Drehkraft – so ähnlich wie der Dynamo an Ihrem Fahrrad – in elektrische Energie um. Die hier, und bei den meisten Flußkraftwerken dieser Art, verwendeten Turbinen sind nach dem Österreicher benannt, der sie erfunden hat: Victor Kaplan.
Die Wasserkraftwerke in Aschach, Ottensheim, Abwinden, Wallsee, Ybbs, Melk, Altenwörth, Greifenstein produzieren im Jahr über 11 Milliarden Kilowattstunden, das sind rund 25 % des gesamten österreichischen Energieverbrauchs. Jüngst (Ende 1997) kam noch das Kraftwerk Freudenau hinzu. Zum Vergleich kann Deutschland nur etwa 4 % seines Strombedarfs durch Wasserkraft abdecken. Für alle Schiffe, die auf der Donau unterwegs sind, heißt es bei jedem Kraftwerk erst einmal Stopp und Einfahrt in die Schleusenkammer. Interessant ist es, vor allem für Kinder, solch eine Schleusenfahrt einmal mitzuerleben.

*Wenn Sie allerdings gleich noch das **Stift Engelszell** (25) besichtigen wollen, bleiben Sie besser am Südufer und fahren in **Engelhartszell** auf die Stiftskirche zu. Hinterher benützen Sie dort die **Fähre** und radeln dann endgültig am Nordufer weiter.*

**Stift Engelszell** wurde 1239 vom Passauer Bischof Wernhart von Prambach als »cella angelica« gegründet – ein Erholungsort für die Passauer Domherren. Sie sollten sich dort von den ermüdenden Amtsgeschäften erholen und in gesunder Luft zu neuen Kräften kommen. Das Stift sollte eine Stätte des Friedens in einer von Streit und Händel heimgesuchten Gegend werden«. 1786 wurde das Kloster aufgehoben und eine Zeitlang auch als Porzellanfabrik genutzt. Der Orden der **Trappisten** übernahm es 1925 und führt es seither streng nach der benediktinischen Regel »ora et labora«, bete und arbeite. Zum Stift gehört die prachtvolle **Rokokokirche »Maria Himmelfahrt«**, die der Barockmaler **Bartolomeo Altomonte** mit Fresken und Altarbildern ausgestattet hat. Im Klosterladen bieten die Trappisten einige Produkte ihrer Arbeit feil: Der **Engelszeller Klosterlikör** wird in ganz

**Wer ist schneller, Schiff oder Rad?**

Oberösterreich als Allheilmittel gegen diverse körperliche und seelische Wehwehchen geschätzt.

*Ein schmales Sträßchen zieht am Nordufer weiter die waldigen Hänge der letzten Ausläufer des* ***Bayerischen Waldes*** *entlang, und bald wird die Grenze zu Österreich (26), am* ***Dandlbach,*** *überfahren. In dem kleinen Ort* ***Kramesau***
*befindet sich eine* ***Rad-Informationsstelle*** *(27) (besetzt 10–17* 26 km
*Uhr), deren Einzugsbereich etwa bis Enns, also bis hinter* ***Linz*** *reicht. Hier können Zimmer für sofort oder später gebucht werden. Hoch über dem linken Donauufer liegt imposant* ***Rannariedl*** *(28), einst Raubritterburg der Falkensteiner.*

*Normalerweise wird im folgenden Ort* ***Niederranna*** *auf* 31 km
*der parallel zum Donauufer führenden Straße unter der*

*großen Autobrücke hindurch weitergefahren. In* **Wesenufer** *(Donausüdseite) gibt es jedoch Gasthöfe, Privatvermieter und einen* **Campingplatz**. *In diesem Fall muß man über die Autobrücke hinweg auf das andere Ufer wechseln: Sobald im Hintergrund die Brücke auftaucht, biegt man in* **Niederranna** *links ab und hinauf zur Bundesstraße. Am Ortsende von Wesenufer ist der Campingplatz.*

*40 km* *Der Donauradweg führt eindeutig und klar weiter bis zum Ort* **Au**. *Dort setzt die erste* **Radfähre** *direkt nach* **Schlögen** *über. Etwa 1 km weiter gibt es noch eine zweite Fähre, die auch auf die andere Seite (3 km hinter Schlögen) übersetzt.*

*Wenn Sie das Donauufer bis* **Aschach** *nicht wechseln möchten, dann müssen Sie zweimal die neu eingerichteten* **Längsfähren** *benützen. Der Radweg geht auf der linken Seite nämlich nicht durch, und die beiden Fähren überwinden diese Etappen, während Sie sich ausruhen können.*

*Betriebszeiten der Fähre nach Schlögen: April 10–17, Mai/Juni 9–19, Juli/August 8.30–19, Sept. 9–18, Oktober 10–17 Uhr, Fahrpreise: Kinder 17 öS, Erwachsene 27 öS, Hin- und Rückfahrt 37 öS.*

## Tip **Fließt die Donau rückwärts?**

2870 Kilometer fließt die Donau von Donaueschingen bis ins Schwarze Meer. Die Kilometer werden jedoch nicht von der Quelle im Schwarzwald aus gezählt, sondern Kilometer 0 befindet sich exakt auf der Sole in Sulina, also an der Donaumündung. Zu Ihrer Orientierung: Passau liegt am Stromkilometer 2226, das neue Kraftwerk Freudenau in Wien bei km 1921.

Die Entfernung, die die Donau zurücklegt, wird jeweils auf großen Tafeln am Ufer angezeigt, Sie können also immer überprüfen, wieviele »Fluß«-Kilometer Sie schon passiert haben.

In **Schlögen** am anderen Donauufer, also rechts vom Fluß, sind zwei Hotels und ein großer Campingplatz. Der kleine Ort

**Fährmann, hol über!**

in der unvergleichlichen Lage ist keltischen Ursprungs, die Römer unterhielten hier einen Flottenstützpunkt, das **Castell Joviacum**. Das Hotel »Donauschlinge« direkt am Ufer war bereits vor 500 Jahren eine Flößergaststätte.

# Schlögen–Linz

## Durch das enge Tal zum »schönsten Industrieviertel der Welt«

Die Talengen zwischen Schlögen und Aschach zählen zu den landschaftlich schönsten Abschnitten des Donauradweges. Der Fluß windet sich in einer beeindruckenden S-Kurve durch die dunklen Wälder zwischen Inn- und Mühlviertel. Bis zu 300 m Höhenunterschied steigen die Steilhänge, die Donauleiten hier an und schaffen eine für Österreich einmalige Klimazone. Die Radstrecke läuft südlich der Donau so idyllisch und romantisch, daß man sich fast in einer anderen Welt glaubt. Vor dem ehemaligen Fischerort Aschach – mit seiner geradezu »schnuckeligen« Uferpromenade – öffnet sich das Tal wieder zum fruchtbaren Eferdinger Becken. Der Radweg führt jetzt auf der linken Donauseite auf landwirtschaftlichen Wegen am Rande der Auwälder und schließlich auf einem Treppelweg nach Ottensheim. Mit der Fähre in Ottensheim ist das Stift Wilhering, Österreichs wohl schönste Rokokokirche, zu erreichen. Der Radweg bleibt jedoch auf der Nordseite und führt direkt neben einer stark befahrenen Straße bis nach Linz hinein. Eine Alternative wäre hierzu die Bahn ab Ottensheim. Von der Industrie in Linz hat das ganze Viertel hier seinen Namen, doch die Stadt Linz hat viel mehr zu bieten, als die »Vereinigten Österreichischen Eisen- und Stahlwerke (VOEST)«. Historisches und Modernes liegen eng nebeneinander, ein Bummel durch die Altstadt ist genauso zu empfehlen wie das Surfen im Internet im einzigartigen Zukunftsmuseum. Lassen Sie sich überraschen und vergessen Sie die Linzer Torte nicht!

Naturwunder Schlögener Schlinge

## Kurzbeschreibung und Informationen

**Streckenlänge:** 53 km, optional: zusätzlich Besuch Stift Wilhering 2 km, Abstecher zur Pöstlingbergbahn 1 km (evtl. Bahnstrecke zusätzlich 5 km einfach), Altstadt Linz 2 km.

**Wegbeschaffenheit:** Fahrbahn von kurzen Ausnahmen abgesehen durchgehend asphaltiert.

**Verkehr:** Bis Aschach teils reiner Radweg und sonst verkehrsarmes Anliegersträßchen, kurze Straßenbenutzung zum Wechseln der Donauseite, dann kleine Anliegersträßchen und später Treppelweg bis Ottensheim. Reststrecke bis Linz getrennter Rad- und Fußweg neben Schnellstraße.

**Bahnverbindungen:** Parallele Bahnverbindung nur Ottensheim/ Dürnberg–Linz, siehe Extratip.

**Schiffsangebot:** Das Linienschiff legt unterwegs an in Schlögen 15.40,

Obermühl 16.20, Untermühl 16.50, Aschach 17.35, Ottensheim 18.40, endet in Linz 19.15 Uhr (Zeiten gelten nur saisonal).

**Weitere Fragen:** Donauschiffahrt Wurm + Köck, Passau, Tel. 08 51/ 92 92 92, Fax 3 55 18.

**Sehenswürdigkeiten:** *Aschach:* Donaupromenade, Pfarrkirche, *Ottensheim:* historischer Marktkern, *Stift Wilhering:* Stiftskirche, Park, *Linz:* Altstadt siehe Stadtrundgang, Pöstlingberg, Ars Electronica Center.

**Übernachtung:** Gasthöfe oder Hotels in Aschach (auch gegenüberliegende Donauseite) und Ottensheim, Abstecher möglich nach Feldkirchen sowie Obermühl und Wilhering (jeweils andere Donauseite), sonst in Linz für jeden Anspruch und Geldbeutel alles vorhanden. Kleineres Angebot in Innzell sowie Abholservice auf die Donauhöhe nach Haibach. – Privatzimmer: entlang der Schlögener Schlinge sowie rund um Aschach, Feldkirchen und Ottensheim. – Jugendherbergen: 3 x in Linz; – Camping: Innzell, Obermühl-Erlau, Obermühl-Kaiserau, Feldkirchen, Ottensheim-Hofmühle, Linz.

**Gaststätten:** Mehrere Möglichkeiten in Aschach und Ottensheim, komplettes Spektrum in Linz, Jausenmöglichkeiten in Innzell, Kioskbetrieb am Badesee hinter Aschach, Gastgärten mit Blick auf Linz in Linz-Urfahr sowie auf dem Pöstlingberg.

**Bademöglichkeiten:** Au-Badeseen bei Feldkirchen, 5 Hallenbäder und mehrere Freibäder in Linz.

**Rad-Info am Donauweg:** Aschach: Tel. 0 72 73/ 70 00.

**Orts-Informationen:** *Haibach a. d. Donau:* A-4083, Tel. 0 72 79/ 82 35, *Aschach a. d. Donau:* A-4082, Tel. 0 72 73/ 63 55, *Feldkirchen a. d. Donau:* A-4101, Tel. 0 72 33/ 72 55-0, *Ottensheim:* A-4100, Tel. 0 72 34/ 22 55, *Wilhering:* A-4073, Tel. 0 72 26/ 22 55-0, *Linz:* A-4020, Tel. 07 32/ 70 70-17 77.

*0 km*
*(40 km)*

*Der rechte Donauuferweg führt dominierend – das heißt ohne echte Möglichkeit, sich zu verfahren – weiter bis Aschach.*

Dazwischen finden Sie in **Innzell** (od. Inzell) zahlreiche Möglichkeiten einzukehren und wenige zu übernachten. Ein kleines, denkmalgeschütztes Kirchlein (1) ziert den Ort.

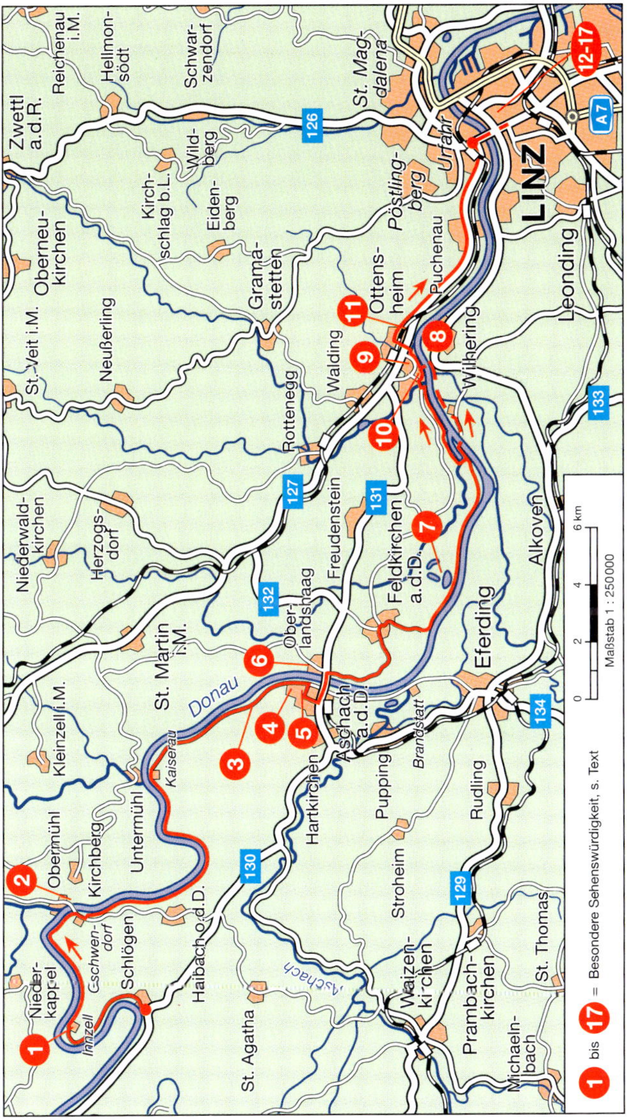

Zwettl a.d.R.
Reichenau i.M.
Hellmonsödt
Schwarzendorf
Wildberg
Kirchschlag b.L.
Eidenberg
Oberneukirchen
St. Veit i.M.
Neußerling
Gramastetten
Rotteneg
Walding
Ottensheim
Puchenau
Pöstlingberg
Urfahr
St. Magdalena
LINZ
Leonding
Wilhering
Niederwaldkirchen
Herzogsdorf
Freudenstein
Feldkirchen a.d.D.
Alkoven
Eferding
Oberlandshaag
St. Martin i.M.
Donau
Kleinzell i.M.
Obermühl
Kirchberg
Untermühl
Kaiserau
Aschach a.d.D.
Hartkirchen
Pupping
Brandstatt
Rudling
Stroheim
Haibach o.d.D.
Schlögen
Eschwendorf
Niederkappel
Inzell
St. Agatha
Aschach
Waizenkirchen
Prambachkirchen
St. Thomas
Michaelnbach
126
127
131
132
133
130
129
134
A7
1 bis 17 = Besondere Sehenswürdigkeit, s. Text
0 2 4 6 km
Maßstab 1 : 250 000

Ansonsten winken Betten hoch oben auf der Höhe im Ort **Haibach**. Dort bietet der Gasthof Pointner einen Abholservice nebst Fahrradanhänger. Sie hätten dann den Vorteil, morgens etwa 3 km bergab zu sausen (Tel. 0 72 79/ 82 26 70).

*9 km (49 km)* Unterwegs werfen Sie sicher von **Kolbing** aus einen Blick auf die Nordseite nach **Obermühl**.

## Tip Versunkener Kornspeicher

Beim Bau des Stauwerks in Aschach waren die Häuser von Obermühl im Weg. Der Ort mußte weichen, nur der alte Kornspeicher (2) wurde teilweise gerettet. Die drei unteren Stockwerke wurden mit Erdreich verfüllt, so daß seit der Überflutung des Ortes nur noch die oberen Stockwerke über dem Wasserspiegel zu sehen sind.

*23 km (63 km)* Kurz vor **Aschach** beim Donaukraftwerk befindet sich die nächste Rad-Informationsstelle (3), dort können Übernachtungen im gesamten oberösterreichischen Gebiet rechts der Donau, also bis Enns, oder linksseitig bis Grein gebucht werden. Der Service hat im Sommer sogar bis 20 Uhr geöffnet.

Der Marktflecken **Aschach** wurde 777 erstmals urkundlich erwähnt. Die farbigen barocken Giebelhäuser (4) entlang der Donau zeigen dem Radler ihre Schokoladenseite. Wie auf einer Kurpromenade reiht sich am Donauufer ein Gastgarten an den nächsten und lädt zum Rasten und Jausen ein. Sehenswert in dem ehemaligen Schiffer-Ort ist die **spätgotische Pfarrkirche** (5). Um das Schlössel (6) auf der gegenüberliegenden Donauseite, eine Adresse für romantische Übernachtungen, rankt sich eine sagenhafte Geschichte.

## Tip Die Sage vom Faustschlössel

Dr. Faust, der bekanntlich einen Pakt mit dem Teufel geschlossen hatte, kam auf seinen Reisen auch durch Aschach. Als er

Blick aufs Faustschlössel – sagenhafte Rast

den Felsen auf der gegenüberliegenden Donauseite sah, äußerte er spontan den Wunsch: »Dort möchte ich mich für eine Zeitlang niederlassen.« Am nächsten Morgen stand auf dem Felsen ein schmuckes, weißes Schloß.

## Tip Das Donauland als Kulturraum

Das bekannte Kinderspiel »Stadt – Land – Fluß« könnte fast im Donauland erfunden worden sein. Der Fluß prägt das ganze Land, und die Städte konnten zunächst nur am Fluß entstehen. Der breite Strom war die größte europäische Verkehrsader, kein anderer Fluß verbindet so unvergleichbar Orient und Okzident.

Das Wasser des Flusses brachte Fruchtbarkeit, aber auch Überschwemmungen – Segen und Fluch zugleich. So kamen die Kriegsherren, doch auch die Missionare: Mönche der ersten Stunde, die das Christentum verbreiteten. Entlang dem Fluß verbreiteten sich Nachrichten rascher als anderswo, Sitten und Gebräuche wurden ausgetauscht und weitergegeben. Neuigkeiten – Moden würden wir heute sagen – schoben sich wie die Wellen der Donau durchs Land. So fühlten sich die Donauanlieger trotz kleiner, feiner Unterschiede zwischen Bayern und Österreichern, zwischen Ober- und Niederösterreichern doch immer gemeinsam dem Flusse zugehörig. Das eint und schafft eine gemeinsame Kultur, die sich vielleicht heute in durchgehenden Radwegen wiederfindet.

Transport und Fortbewegung waren auf dem Wasser wesentlich sicherer und schneller zu bewerkstelligen als auf dem Landweg, wo hinter jedem Baum und Strauch Räuber und Raubritter lauern konnten. Kein Wunder, daß die Anlieger an allen möglichen und unmöglichen Stellen ordentlich Maut erhoben. Sicherheit hat ihren Preis, und wie heute bei der Mafia war oft nicht klar, ob die Schutzgebühr für oder gegen die Beschützer zu entrichten war.

Ausgrabungsfunde belegen, daß der Donauraum schon zu Urzeiten eine ungeheure Anziehung ausgeübt hat. Später zogen die Römer ihre Grenze gegen die Barbaren an der Donau. Sie legten ihren Limes als nördliche Grenzbefestigung Hunderte von Kilometern lang direkt ans Donauufer, um an Befestigungswerken zu sparen.

Durch die Entwicklung des Seewegs nach Indien und die Entdeckung Amerikas ging wie überall die Bedeutung eingefahrener Handelswege

Lebendiges Brauchtum

zurück. Salz, Zucker, ja alle Gewürze, Erze und Edelmetalle kamen plötzlich auf anderen Wegen und aus anderen Erdteilen in riesengroßen Mengen billiger ins Land. Neue Donaubrücken verschoben urplötzlich die Bedeutung einzelner Handelsplätze. Mit der Entwicklung der Eisenbahn fand die Flußschiffahrt ihren endgültigen Niedergang. Im Jahre 1835 fuhr die erste Eisenbahn von Nürnberg nach Fürth, schon etwa 40 Jahre später hatte sich im mitteleuropäischen Raum ein so dichtes Eisenbahnnetz entwickelt, daß die Flußschiffahrt schnell in die Bedeutungslosigkeit versank. Viele Städte, ja ganze Landstriche, die bis dato vom Fluß lebten, standen fast von heute auf morgen vor dem Aus, innerhalb einer Generation war die Wirtschaftskraft fast völlig erlahmt. Die für uns heute sehenswerten historischen Stadtbilder sind eigentlich ein Mahnmal für einen schnellen, urplötzlichen Wirtschaftstod, den nicht wenige Städte einst erleiden mußten.

Noch heute bleibt der Gütertransport mit den großen Donauschleppern trotz Rhein-Main-Donau-Kanal – verglichen mit dem gesamten Transportaufkommen – verschwindend gering. Der Schiffsverkehr auf der Donau wird eher von Flußkreuzschiffen und Ausflugsdampfern dominiert. Vom plötzlichen Niedergang der Vorfahren zehrt heute der Tourismus. Der museale Charakter kleiner Donaustädte, die ihre Schokoladenseite zum Fluß ausgerichtet halten, lockt Urlauber, die sich an den Zeugnissen der Vergangenheit ergötzen. Diese Neugierde bietet ein sicheres Einkommen für die Nachkommen all jener, die einst mangels wirtschaftlicher Weiterentwicklung darben mußten. So wie früher Händler und Fahrensleute, beherbergen heute die Gastwirtschaften die zahlreichen Radler am Donauweg.

Der Gast sollte sich aber nicht wundern, wenn Einheimische zuweilen wehmütig der »guten alten Zeit« nachhängen. Bei aller Offenheit und Toleranz für neue Strömungen pflegt man in Österreich gerne die Nostalgie. Viele Elemente der k. u. k. Monarchie werden leger, aber doch selbstverständlich bewahrt, Höflichkeit und Etikette sind nicht nur beim Wiener Opernball präsent. Wenn Sie am Donauufer durch die Geschichte radeln, werden Sie spüren, die Österreicher lieben ihre Geschichte – und lieben Geschichten.

*25 km (65 km)* *Am Ortsende von* ***Aschach*** *müssen wir unmittelbar vor der großen* ***Donaubrücke*** *nach rechts abbiegen, die Straße mündet nach etwa 500 m auf die breite Landstraße ein. Die befahrene Landstraße führt über die Donau hinweg. Nach der Brücke geht es rechts, und gleich danach wird, auf Höhe eines Informationsstandes zur Rechten, links abgebogen (also noch etwa 100 m vom Donauufer entfernt).*

*Das schmale Asphaltsträßchen schlängelt sich durch die flache Landschaft mit Gehöften zwischen Obstgärten, in etwa parallel zu den* ***Auwäldern*** *am Donauufer. Nach 2 km macht die Straße einen Knick von der Donau weg in Richtung* ***Feldkirchen****.*

*31 km (71 km)* *Erst am Schild »Vorfahrt achten« im Ort* ***Feldkirchen*** *selbst wird nach rechts abgebogen. Die Straße führt – links und beim Ortsende-Schild rechts – wieder aus dem Ort hinaus. Das Sträßchen weist wieder Richtung Donau-Auwälder zurück. Es macht dann beim letzten Gehöft einen Knick nach links, leitet direkt auf den Damm hinauf und setzt sich als* ***Treppelweg*** *fort.*

*34 km (74 km)*

Nach etwa 2 km auf dem Damm weist ein Abstecher nach links zu einer größeren Gruppe Badeseen (7), die so großzügig angelegt sind, daß nicht nur Kinder Lust zum Schwimmen kriegen.

*Die Route selbst führt immer fast geradeaus weiter an der gestauten Donau entlang. Erst in Sichtweite des nächsten* ***Kraftwerkes*** *(kurz nach der Einsatzstelle für Sportboote) biegen der Donauradweg und der Treppelweg scharf links ab. Falls Sie für später einen Ausflug nach* ***Stift Wilhering*** *(8) planen, könnten Sie an dieser Stelle optional geradeaus zum* ***Kraftwerk*** *weiterfahren, um schon hier auf die* ***Donausüdseite*** *zu wechseln. Unser Donauradweg auf der Nordseite schlängelt sich in Donauhauptrichtung an einem Donaualtwasser entlang* ***(Ruder-Regatta-Strecke)****. An den Wirtschaftsgebäuden der* ***Regattastrecke*** *führt der Weg nach einiger Zeit vom Donaualtwasser weg und auf eine Brücke zu, die einen Bach –* ***die Große Rodl*** *– überquert. Wir radeln auf den Ortsrand von* ***Ottensheim*** *zu und biegen am Schild »Vorfahrt achten« nach rechts ab (wieder Richtung Donau, über den Damm hinweg).*

Zur Rechten ein schöner, weitflächig angelegter Kinderspielplatz, der selbst bei Erwachsenen die Spiellust wecken könnte.

*Über die* ***Donauuferstraße*** *erreichen wir die* ***Fähre*** *43 km*
***Ottensheim****.* *(83 km)*

Falls Sie einen kurzen Abstecher zu den Gasthäusern oder Geschäften des Ortes machen möchten, geht es hier links hinauf zum Ortszentrum (9) von **Ottensheim**. Vom ältesten Markt im Mühlviertel ist der historische Marktkern recht sehenswert, **das Schloß** (10) aus dem 11. Jahrhundert, oberhalb des Donauradwegs, ist in Privatbesitz und leider nicht zu besichtigen.

Die Fähre ermöglicht einen Ausflug nach Stift Wilhering. Betriebszeiten: Mo.–Sa. 6.30–19.15, sonn- und feiertags 8–19.15 Uhr; Tarife: Erw. Radfahrer 24 öS einfach, 36 öS Hin und Zurück, Kinder ab 6 J. 15 öS, Hin- und Rückfahrt 23 öS.

*Beim Anleger der **Fähre** auf der anderen Seite geradeaus bergauf schieben und dann oben an der Bundesstraße nach links in den links parallel führenden Radweg einbiegen. Nach etwa 500 m auf der linken Seite **Stift Wilhering**. Die **Stiftskirche** steht links hinter dem großen hellbeigen **Gymnasialgebäude**. Die Rückfahrt zur Fähre erfolgt wie die Hinfahrt.*

Tip

## Stift Wilhering

Das Stift wurde 1146 als Zisterzienserabtei gegründet. Zahlreiche Gebäude, darunter die Kirche, fielen 1733 einer Brandstiftung zum Opfer. Die danach neu erbaute Stiftskirche ist ein absolutes Juwel des Rokoko. Aus dem illusionären Wunsch des Barock und Rokoko, himmlische Sorglosigkeit und zeitloses Glück auf unsere Erde herunterzuholen, entstand in Wilhering ein Denkmal par excellence. Alles in dieser prachtvoll geschmückten Kirche – Altäre, Kanzel, Orgel, Chorgestühl, die Putten, die Fresken mit den Heiligen, Wolken und dem blauen Himmel – verschmelzen harmonisch zu einem Gesamtkunstwerk in Gold und Prunk. Im Kloster ist heute ein Internat untergebracht. Dort lohnt sich ein kleiner Spaziergang durch den Park. Es wird behauptet, daß die darin stehenden Eiben älter als das Kloster selbst seien.

*Wieder zurück an der Fähranlegestelle von **Ottensheim**, führt der Weg zunächst parallel zum Donauufer weiter in östlicher Richtung. Er biegt nach etwa 100 m durch eine **Allee** schräg links vom Donauufer weg (der Sportplatz bleibt rechts liegen). Nach den **Tennisplätzen** steuern wir nach links in einen Radweg, kurven dann zur Bundesstraße Richtung Linz und wechseln nach etwa 500 m unter der **Bundesstraßenbrücke** hindurch. Dabei wird die Eisenbahnlinie gequert. Unmittelbar danach Einmündung in eine kleine Straße, und nach rechts geht's weiter.*

*Etwa 300 m weiter unterqueren wir wieder die **Bundesstraßenbrücke** und fahren nach links zwischen Donau und Eisenbahn (zur Rechten) und Bundesstraße (zur Linken). Auf*

Stift Wilhering – Rokoko in voller Pracht

*Höhe des* ***Bahnhaltepunkts Dürnberg*** *(11) (zur Rechten) radeln wir nach links, noch einmal unter der Bundesstraße hindurch, und benützen anschließend den Radweg links parallel zur Bundesstraße.* *45 km (85 km)*

## Bahnempfehlung Ottensheim–Linz als geruhsame Alternative

Die folgende Radstrecke führt leider etwa 10 km – wenn auch immer getrennt – direkt an der teils vierspurigen Schnellstraße entlang. Das wird Ihnen sicher mit Kindern kaum Spaß bereiten, daher empfehlen wir Ihnen, vom Haltepunkt Dürnberg bis Linz-Urfahr den Zug zu nützen (Gruppen unbedingt voranmelden, Tel. 07 32/ 69 09-31 26). Der Zug fährt um 7.25/ 9.25/ 12.25/ 14.25 (nicht sonntags)/ 16.25/ 18.25 Uhr und trifft 12 Minuten später am Bhf. Linz-Urfahr (nördliche Donauseite) ein. Erwachsene zahlen 17 öS, Kinder 9 öS, und die notwendige Radltageskarte kostet 30 öS. Am Sackbahnhof in Linz-Urfahr (12) müssen Sie genau rechtwinklig abfahren, um wieder zur Radroute ans Donauufer zu gelangen.

*Dieser Radweg führt direkt bis nach **Linz**. Bis zum Ortsanfangschild von **Linz** bleiben wir auf der linken Seite der Bundesstraße, dort weist der Weg direkt hinunter in die Unterführung, die uns auf die andere Seite der **Schnellstraße** bringt. Der Weg leitet dann unmittelbar am Ufer der Donau entlang weiter Richtung **Linzer Zentrum**. Nach etwa 1 km unterqueren wir die große Linzer **Nibelungenbrücke***
*53 km* *(13), und der Donauradweg führt anschließend weiter östlich*
*(93 km)* *Richtung **Mauthausen**.*

Es wäre mehr als schade, die Altstadt von Linz einfach »rechts« liegen zu lassen, wir empfehlen daher einen Ausflug in die Stadt:

*Etwa 100 m vor der **Nibelungenbrücke** führt links ausgeschildert die Radfahrerroute ins Zentrum. Wir fahren hier bergauf, um das **Rathaus** (neuer Betonskelettbau) im Uhrzeigersinn herum, auf die **Nibelungenbrücke** mit eigener Radfahrspur hinauf und rollen dann geradeaus ins **Altstadtzentrum** hinein. Der Weg führt direkt auf den **Hauptplatz**, wo an dessen unterem linken Ende die Touristinformation (14) zu finden ist.*

Von April bis Oktober fährt täglich zur vollen Stunde von 10 bis 18 Uhr der »Linz-City-Express«. Der knallgelbe Minizug zeigt die Altstadt innerhalb einer halben Stunde (bei jedem Wetter), Tel. 07 32/ 79 75 55.

**Dreifaltigkeitssäule in Linz**

Lebendiger Barock

## Linz

Die **obcrösterreichische Hauptstadt**, nicht weit von der Mündung der **Traun** in die **Donau**, verdankt ihre Entstehung der verkehrsgünstigen Lage. Über die **Traun** kamen schon in frühester Zeit Güter, allen voran Salz, aus dem Alpenraum per Schiff zur Donau, um dann weiter auf dem Strom abwärts oder auf dem Landweg nach Böhmen befördert zu werden. 1246 wird **Linz** Hauptstadt des Landes **»obb der Enns«**. Kriegsgeschehen trafen die Stadt immer wieder hart. Anfang des 19. Jahrhunderts ließ sie Erzherzog Maximilian völlig umgestalten. Die nach 1850 einsetzende Industrialisierung vergrößert Linz und prägt ihre neue Gestalt.

Hätte das »tausendjährige Reich« länger existiert, würde Linz heute völlig anders aussehen. Die Lieblingsstadt Hitlers sollte dessen Altersruhesitz werden, er plante, aus Linz die schönste Stadt an der Donau zu machen. Geldmangel machte jedoch die hochtrabenden Pläne schon lange vor Kriegsende zunichte.

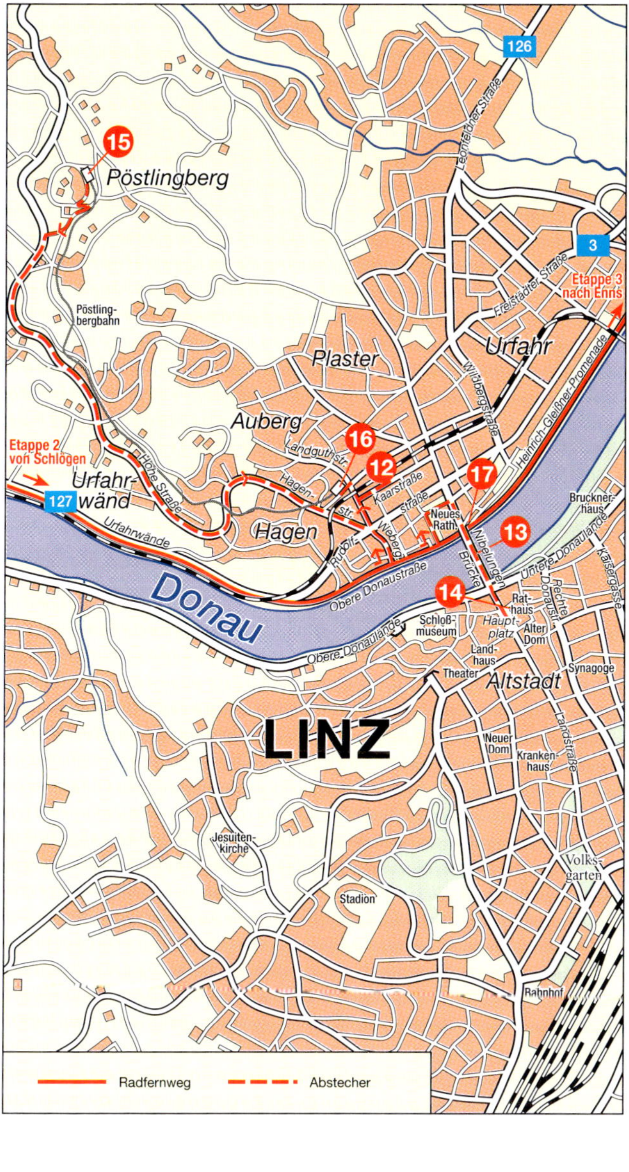
126
3
127
Pöstlingberg
Pöstling-
bergbahn
Leonfeldner Straße
Freistädter Straße
Etappe 3
nach Enns
Urfahr
Plaster
Auberg
Wildbergstraße
Heinrich-Gleißner-Promenade
Etappe 2
von Schlögen
Urfahr-
wänd
Höhe Straße
Landguthstr.
Hagen-
str.
Kaarstraße
Rudolf-
straße
Weberg.
Neues
Rath.
Hagen
Urfahrwände
Nibelungen
Brücke
Bruckner-
haus
Untere Donaulände
Obere Donaustraße
Donau
Rat-
haus
Rechte
Donaustr.
Kaisergasse
Schloß-
museum
Haupt-
platz
Alter
Dom
Obere Donaulände
Land-
haus
Theater
Altstadt
Synagoge
LINZ
Landstraße
Neuer
Dom
Kranken-
haus
Jesuiten-
kirche
Volks-
garten
Stadion
Bahnhof
Radfernweg
Abstecher
15
16
12
17
13
14

Das Linz von heute bietet mit seinen über 200.000 Einwohnern das Bild einer modernen Großstadt, deren Zentrum mit dem **Altstadtensemble** rund um den **Hauptplatz**, den vielen Cafés und den Einkaufsstraßen einen ganz besonderen Charme ausstrahlt.

An der Touristinfo erhalten Sie gratis eine Anleitung mit Karte für einen Rundgang durch die Linzer Altstadt. Einen Stadtbummel per Rad halten wir angesichts der Verkehrssituation nicht für empfehlenswert.

Als besonders sehenswert gilt auch der Botanische Garten von Linz.

## Kultur in Linz

Kultur liegt den Stadtvätern in Linz am Herzen. In Linz ist wirklich was los: zum Beispiel der **Linzer Kultursommer** im August, das **Internationale Brucknerfestival** mit der **Linzer Klangwolke** (jährlich ab dem 2. September-Wochenende) und nicht zu vergessen die **Ars Electronica**, ein Festival für Kunst und Technologie.

Tip

### Pöstlingberg

Die beste Aussicht auf die Stadt Linz haben Sie vom 573 m hohen Pöstlingberg (15). Er wird von der steilsten Adhäsionsbahn Europas bezwungen, einer Schienenbahn, die trotz 10,5 % durchschnittlicher Steigung ohne Zahnräder auskommt. Die gemütliche, 16minütige Fahrt in der Pöstlingbergbahn sollten Sie sich nicht entgehen lassen. Neben dem Ausblick ist die Wallfahrtskirche zu den »Sieben Schmerzen Mariens« sehenswert. Die Bahn transportiert auch Fahrräder, damit Sie auf Wunsch per Rad ins Tal sausen können.

*Zufahrt zur **Pöstlingbergbahn**: Von Linz stadtauswärts Richtung Westen, also Richtung **Ottensheim**, kommen*

Die Pöstlingbergbahn

*wir bei einer kleinen Grünanlage zu einer Stelle, wo sich die Radwege in Einbahnstraßen gabeln. Unmittelbar rechts davor steht ein gelbes Haus, schön angemalt. An dieser Stelle fährt man schräg rechts zurück in eine kleine Biegung. Diese geht wenig später über in die* ***Webergasse****, die leicht bergauf führt und die* ***Kaarstraße*** *kreuzt, anschließend fahren wir schräg gegenüber in die* ***Landgutstraße****. Diese Straße kreuzt die Eisenbahn, und gleich anschließend zur Linken ist die* ***Talstation*** *der* ***Pöstlingbergbahn*** *(16).*

***Rückfahrt von der Pöstlingbergbahn:***

*Wir verlassen die Pöstlingbergbahn durch den **Hauptausgang** und fahren rechts leicht bergab in die **Landgutsstraße** (diese Straße kommt man auch per Rad vom Berg herunter). Die Landgutstraße endet an der **Kaarststraße**, und schräg rechts gegenüber geht die **Webergasse** bergab (Radfahrer dürfen entgegen der Einbahnstraße fahren). Die Webergasse leitet fast unmittelbar zum **Donauufer**, wo wir dann wieder den **Donauuferradweg** fahren können.*

Blick auf Linz

## Ars Electronica Center

Ein absolutes Muß für alle Kids, die Spaß an Computerwelten haben, für Erwachsene aber genauso interessant ist das Zukunftsmuseum der Stadt Linz. Im modernen Bau auf der Nordseite der Nibelungenbrücke (17) werden auf 2.000 qm Fläche die Technologien des 21. Jahrhunderts präsentiert: Virtual Reality, Cyber City, Knowledge Net oder Internet-Surfen im Mediencafé hoch über den Dächern von Linz. Planen Sie bitte genügend Zeit und alternativ für computerunwillige Eltern am besten gleichzeitig einen Bummel durch die Linzer Altstadt ein.

Ars Electronica Center, Hauptstr. 2, Tel. 07 32/ 71 21 21-0, Internet http://www.aec.at, geöffnet Mittwoch bis Sonntag 11 bis 19 Uhr, Eintrittspreis: Erw. 80, Kinder 40 öS.

## Die Grottenbahn

Vor allem die Kleinen auf dem Kindersitz wird die zweite Attraktion auf dem Ausflugsberg beglücken. Durch eine Szenerie von bunt beleuchten Märchenbildern fährt der Drachenexpreß in einem der ehemaligen Befestigungstürme der Wehranlage. Die Grottenbahn verkehrt täglich von Samstag vor dem Palmsonntag bis 2. November von 9 bis 16.45, im Sommer bis 17.45 Uhr.

# Linz–Ardagger Markt

## Zwischen Mühl- und Mostviertel

Hochwasser war immer schon ein Feind des Menschen. Die Aufgabe, die heute Dämme und Deiche bewältigen, fiel früher den Auwäldern zu. An der Donau treffen wir zwar noch auf diese seltene Vegetation von Erlen, Eschen, Ulmen und Stieleichen, doch ihre Schutzfunktion können die Auwälder längst nicht mehr erfüllen. Bereits im 18. Jahrhundert wurden die Flüsse so reguliert, daß aus dem ursprünglichen Schwemmland das fruchtbare Machland wurde. Auf unserer Tagesetappe wechseln die Eindrücke zwischen landwirtschaftlichen Nutzflächen und idyllischen Auwald-Wegen. Abwechslung verspricht auch ein fakultativer Ausflug nach Steyr, in Österreichs zweitälteste Stadt. Nach Enns, der ältesten Stadt des Landes, gelangen wir auf unserer Radstrecke, die uns beim Kraftwerk Abwinden über die Donau führt. Eine extra für Radler eingerichtete Fähre bringt uns bei Mauthausen wieder zum linken Donauufer. Dort erinnert die Gedenkstätte in den Granitsteinbrüchen an ein wenig rühmliches Kapitel deutsch-österreichischer Geschichte: Das KZ Mauthausen war für Tausende von Menschen damals Endstation.

Der Geist weit früherer Zeiten weht im urgeschichtlichen Freilichtmuseum Mitterkirchen, in dem man den Alltag der Kelten aktiv nacherleben kann. In Wallsee queren wir wieder die Donau und damit auch eine Grenze. Niederösterreich wartet auf uns mit einer Fahrt auf beschaulichen Straßen durch das reizvolle Mostviertel. Von Ardagger Markt führt eine Brücke nach Grein, das sich als Ausflugs- und Übernachtungsort anbietet. Unser Radweg bleibt auf der Südseite der Donau.

Blütenzauber im Mostviertel

## Kurzbeschreibung und Informationen

**Streckenlänge:** 59 km, optional zusätzlich Abstecher nach Enns 4 km, Gedenkstätte Mauthausen 12 km (über 100 Höhenmeter), Freilichtmuseum Mitterkirchen 8 km, Ardagger Stift 5 km.

**Wegbeschaffenheit:** Fahrbahn durchgehend asphaltiert (außer ganz kurze Abschnitte).

**Verkehr:** Treppel- oder Dammweg bis kurz vor Enns und von Au bis Wallsee, der Rest kleine Straßen mit meist nur lokalem Verkehr.

**Bahnverbindungen:** Unmittelbar entlang der Radroute gibt es keine Strecke, doch sind Bahnstationen in Linz, Enns, Mauthausen und Grein.

**Schiffsangebot:** Linienschiff legt an in Mauthausen, Ardagger, Grein. Fährt jedoch nur an verschiedenen Wochentagen, saisonal recht eingeschränkt bis Krems. Auskunft: Donau-Schiffahrt Ardagger, Tel. 0 74 79/ 64 64 -0, Fax -10.

**Sehenswürdigkeiten:** *Enns:* Stadtturm, historischer Stadtkern mit Befestigungsresten, Museum mit Römerfunden, St. Laurentius-Basilika, Pfarrkirche, *Mauthausen:* Donaulände, historische Gassen, Heimatmuseum im Schloß Pragstein, Pfarrkirche, KZ-Gedenkstätte, *Au bei Naarn:* Aulehrpfad, *Mitterkirchen:* Freilichtmuseum, *Ardagger-Stift:* Mostgalerie, Stiftskirche.

**Übernachtung:** Hotels finden sich nur in Steyregg (2 km Abstecher nötig), Enns (3 km) und Mauthausen, mehrere Gasthöfe in Enns (3 km), Mauthausen und Ardagger. Einzelne Gasthöfe warten in Abwinden (2 km), Au und teils abseits oben am Berg in Wallsee. – Privatzimmer: unterwegs überall. – Jugendherbergen: keine. – Camping: Au bei Naarn, Grein, Wallsee-Sommerau, Willersbach.

**Gaststätten:** Außerhalb der Orte zusätzlich Gaststätte und Bauernladen in Leitzing (»Mostbirne«) sowie Jausenstationen in Enghagen (bei Enns) und Sommerau kurz vor Leitzing. Kioskbetrieb in Au am Campingplatz.

**Bademöglichkeiten:** Pleschinger Au-Badeseen, Auseen nach dem Kraftwerk Abwinden, Frei- und Hallenbad in Enns (Abstecher 3 km), Freibad in Mauthausen, Naturbadesee in Au bei Naarn.

**Rad-Info am Donauweg:** Mitterkirchen: Tel. 0 72 69 / 84 88.

**Orts-Informationen:** *Steyregg:* A-4221, Tel. 07 32/ 64 01 55 od. 64 00 82, *Enns:* A-4470, Tel. 0 72 23/ 32 61, *Mauthausen:* A-4310, Tel. 0 72 38/ 22 55-0, *Naarn im Machland:* A-4331, Tel. 0 72 62/ 58 25 50, *Mitterkirchen:* A-4343, Tel. 0 72 69/ 82 55-0, *Wallsee:* A-3313, Tel. 0 74 33/ 22 16, *Ardagger:* A-3321, Tel. 0 74 79/ 73 12.

0 km
(93 km)
*Nach den Erlebnissen in Linz fahren wir über die **Nibelungenbrücke** wieder zurück zur Radroute, halten uns diesmal rechts und kommen wieder in einer Schleife hinunter auf den **Donauuferweg**. Etwa 3 km nach der Nibelungenbrücke erstreckt sich zur Linken ein sehr **großes Badegebiet**.*

7 km
(100 km)

Diese Pleschinger Au (1) (Baggersee) verspricht Badevergnügen (auch FKK-Strand), vielleicht noch am Abend, vielleicht gleich am Morgen.

18 km
(111 km)
*Als Treppelweg geht der Weg etwa 10 km auf dem **Damm** entlang durch die Auwälder bis zum **Donaukraftwerk Abwinden**. Wir fahren direkt auf das Kraftwerk zu, wechseln auf die andere Seite der Donau und fahren geradeaus vom Kraftwerk weg, immer Richtung **Enns**.*

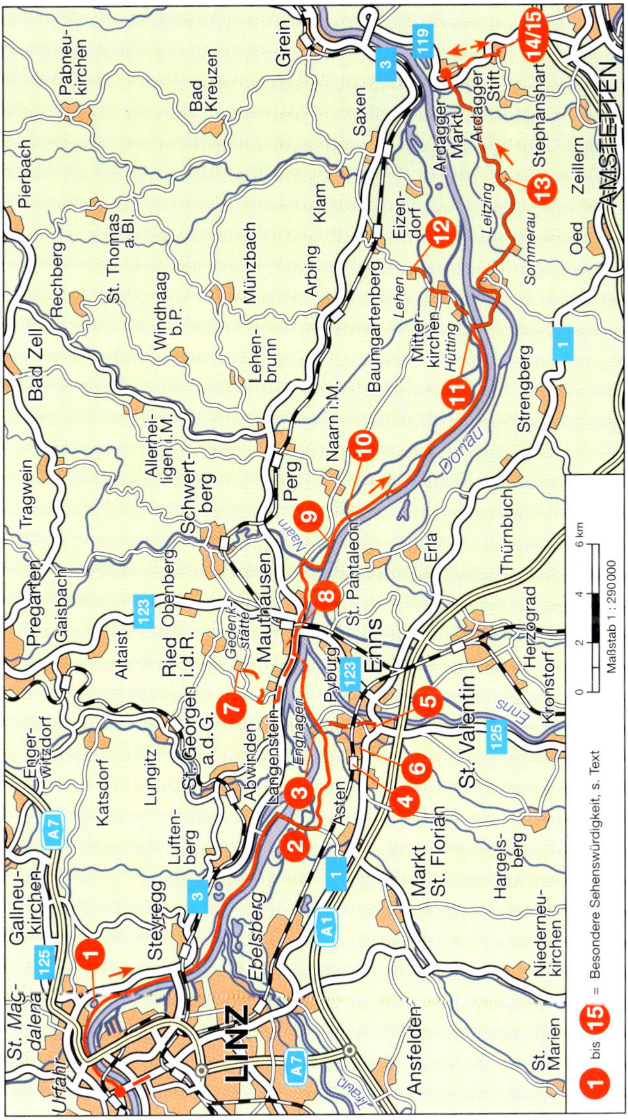
Urfahr
St. Magdalena
Gallneukirchen
Engerwitzdorf
Pregarten
Gaisbach
Tragwein
Bad Zell
Rechberg
Pierbach
Pabneukirchen
St. Thomas a.Bl.
Windhaag b.P.
Bad Kreuzen
Grein
Katsdorf
Lungitz
Altaist
Ried i.d.R.
Obenberg
Allerheiligen i.M.
Schwertberg
Münzbach
Lehenbrunn
Steyregg
Luftenberg
St. Georgen a.d.G.
Abwinden
Langenstein
Gedenkstätte
Mauthausen
Perg
Naarn i.M.
Arbing
Klam
Saxen
Baumgartenberg
Eizendorf
Mitterkirchen
Lehen
Hütting
Ardagger Markt
Ardagger Stift
Stephanshart
Leitzing
Sommerau
Oed
Zeillern
AMSTETTEN
LINZ
Ebelsberg
Asten
Enghagen
Pyburg
Enns
St. Pantaleon
Erla
Thürnbuch
Strengberg
St. Valentin
Herzograd
Kronstorf
Markt St. Florian
Hargelsberg
Niederneukirchen
Ansfelden
St. Marien
Donau
Naarn
Enns
Traun
A7
A1
125
123
119
3
1
1 bis 15 = Besondere Sehenswürdigkeit, s. Text
Maßstab 1 : 290000
0 2 4 6 km

Beim Verlassen des Kraftwerksgeländes am Tor biegt unmittelbar nach rechts scharf zurück der Weg zu einer weiteren Bademöglichkeit ab. Es handelt sich um den »Ausee« (2), der am südlichen Ufer einen »Plitsch-Platsch«-Kinderspielplatz mit einer extra langen Rutsche hat.

*Auf der **Kraftwerksstraße** biegt an einer kleinen Kreuzung nach etwa 1 km nach links ein **Waldweg** (ausgeschildert Enns) ab. Der Weg schlängelt sich nach einiger Zeit durch liebliches Donau-Hinterland und kommt dann nach*
25 km *einer kleinen Holzbohlenbrücke in den Ort **Enghagen** (3).*
(118 km) *An der Gabel mitten im Ort geht es links weiter zur **Donauradfähre** nach **Mauthausen**. Nach rechts führt ein Abstecher in die Stadt **Enns**.*

*Bereits nach 500 m wird der Ortsanfang von Enns erreicht. Von fernher lockt das Ziel: der **große Stadtturm**. An einer **Eisenbahnbrücke** geht es nach links über drei Eisenbahngleise hinweg in die **Lorcher Straße**.*

*Beim Ausflug nach **Steyr** (Extra-Etappe am Ende dieser Tagesetappe) ist übrigens an dieser Stelle der Abzweig nach rechts in die **Westbahnstraße** zum **Bahnhof Enns** (4).*

*Die **Lorcher Straße** endet T-förmig, und wir fahren links und gleich wieder rechts (Zebrastreifen benutzen). Diese Richtung weist deutlich bergauf zum großen Stadtturm, mitten auf dem **Hauptplatz** (5) von Enns. Die Turmbesteigung des hoch aufragenden Stadtturms ist gratis und wird wegen des schönen Überblicks über die ganze Stadt und Umgebung dringend ans Herz gelegt – so es das Herz auch verträgt. Knapp 60 stolze Meter mißt der Turm, und nicht weniger als 172 Stufen sind zu meistern.*

Tip

## Enns

ist sicher eine der ältesten Städte, vielleicht die älteste Stadt im alten Kernland Österreichs – Stadtrechte 1212 – und aus der römi-

Olympische Perspektive in Enns

schen Stadt Lauriacum hervorgegangen. Es lohnt sich ebenso, in dem mittelalterlichen Stadtkern mit seinen Befestigungsanlagen zu bummeln, wie den Stadtturm zu besteigen. Im alten Rathaus am Stadtplatz befindet sich das Stadtmuseum mit Römerfunden, Münzsammlung und Archiv. Südlich des Bahnhofs steht mitten im Friedhof die große Sankt-Laurentius-Basilika (6).

Vom 1. Mai bis 15. September täglich Treff am Stadtturm zur geführten Stadtbesichtigung um 9.15, 10.30 und 14.30 Uhr. Preis: Erw. 30 öS, Kinder bis 12 J. 20 öS, Gruppenermäßigung. Gepäck- und Räderaufbewahrung gratis in den Hotels »Lauriacum« und »Goldenes Schiff«.

*Die Ausfahrt aus Enns bis nach Enghagen erfolgt wie die Einfahrt. Am* ***Ortsende*** *von Enghagen lädt links eine* ***Mostjausenstation*** *zur Rast, eben Jause. Etwa 50 m weiter am Ortsendeschild bei der Gabelung halten wir uns links, wieder Richtung Donau. Der Weg führt zum Donauufer zurück und unmittelbar zur* ***Fähre*** *nach* ***Mauthausen****. Mit der* *28 km*
*weißen Flagge kann am Steg die Donauradfähre herbeige-* *(121 km)*
*winkt werden, falls sie gerade auf der anderen Seite ist. Die*

*Betriebszeiten: Mai–Juni 9–19 Uhr, Juli–August 9–20 Uhr, September 9–18 Uhr; Fahrpreise: Kinder mit Rad 15 öS, Erwachsene mit Rad 25 öS, dabei sind Kinder bis 15 Jahre in Begleitung Erwachsener frei.*

Als vor einigen Jahren der komplett neue **Enns-Hafen** (Industrie-Schiffe) nördlich von Enns angelegt wurde, ging der Radweg nicht mehr bis zur großen Donaubrücke durch. Doch man kannte die Bedeutung der Radler für das Donauland: Als Ersatz wurde gleich die Fähre eingeplant. So entstand ein wunderschöner, idyllischer Radweg.

*Beim Anlegen der **Fähre** in **Mauthausen** fahren wir nach rechts also rechts der Bundesstraße, direkt am **Donauufer** weiter. An dieser Stelle empfiehlt sich jedoch ein Abstecher in den **Ort Mauthausen** sowie zur **KZ-Gedenkstätte** (7).*

Tip

## Mauthausen

Wie schon der Name sagt, bestand hier ursprünglich eine Mautstelle, die von den Babenbergern für die Stadt Enns gegründet wurde. Von der ehemaligen Bedeutung des Ortes künden noch die hübschen Gassen mit Schwibbögen und die schönen Hausfassaden, besonders das Lebzelter Haus an der Donaulände (8). Schauen Sie einmal in die Pfarrkirche St. Nikolaus oder nehmen Sie sich Zeit für das Heimatmuseum in Schloß Pragstein, dessen Turm früher übrigens mitten in der Donau stand. Erst seit 1863, als der Fluß reguliert wurde, steht er im Trockenen.

*Zufahrt zur **KZ-Gedenkstätte von Mauthausen**: Wenn man mit der Radfähre in Mauthausen ankommt, fährt man links – entgegen ihrem Lauf – die Donau zurück, auf dem ausgeschilderten Radweg Richtung **Linz**. Dieser Radweg führt nach einiger Zeit von der Donau weg. Am Ortsende von Mauthausen ist nach rechts bergauf eine Straße ausgeschil-*

*dert »**Zur KZ-Gedenkstätte**«. Von hier aus sind es noch etwa 100 Höhenmeter bis ganz auf den Berg, in dem die Granitbrüche angelegt wurden.*

Überfahrt nach Mauthausen

## Tip KZ Mauthausen

Wenige Wochen nach der Besetzung Österreichs durch deutsche Truppen wurden von hohen deutschen SS- und Polizei-Offizieren die Mauthausener Steinbrüche besichtigt und für geeignet befunden, dort ein Konzentrationslager zu errichten. Das Lager Mauthausen wurde zum zentralen Lager für Österreich. Von 1938 bis zur Befreiung durch US-Soldaten am 5. Mai 1945 wurden dort etwa 200.000 Frauen, Männer, Kinder und Jugendliche inhaftiert. Über 100.000 der Häftlinge wurden auf schrecklichste Weise umgebracht oder gingen an den Qualen des Lagerlebens zugrunde. Mauthausen war ein Synonym für Vernichtung und Ausbeutung, allein der Name verbreitete Angst und Schrecken. Die heutige Gedenkstätte legt ein erschütterndes Zeugnis davon ab.

Die **Gedenkstätte** liegt oben auf dem Berg, Ihre Wadenmuskeln werden also ganz schön gefordert, dafür gibt es – sofern trotz Betroffenheit noch Muße besteht – einen weiten Überblick über das gesamte Land. Besuchszeit für den inneren Bereich einschließlich Museen von 8 bis 18 Uhr, Einlaß bis 17 Uhr.

*Zurück geht es zur Anlegestelle der Radfähre. Wir bleiben jedoch auf der Nordseite und fahren weiter Richtung Osten am Donauufer entlang.*

Bei der Weiterfahrt Richtung Grein lockt kurz vor der Donaubrücke zur Linken im Gewerbegebiet noch ein Hamburger-Schnellrestaurant.

*Etwa 500 m nach der Unterquerung der* ***Donaubrücke*** *geht der Radweg entlang der Bundesstraße in eine kleine, wenig befahrene Landstraße (zunächst direkt auf dem Donaudamm) über. In der zweiten Ortschaft endet das Sträßchen an einer befahrenen Landstraße.*

*Hier schwenken wir nach rechts in den Radweg, kommen nach 500 m zum Nebenfluß Aist und biegen unmittelbar nach der Brücke rechts ab. Der Radweg führt direkt auf dem Damm wieder zur Donau. Auf dem Dammweg radeln wir am* ***Campingplatz in Au*** *(9) vorbei.*

*34 km (127 km)* *Am Ortsende von Au führt der Radweg vom Damm herunter und unmittelbar am Waldrand, parallel zur Donau (ca. 2,5 km) weiter: Dieser Damm wird wegen des teils schlechten Zustands des Treidelpfades verlassen.*

## Aulehrpfad

Etwa 5 km südöstlich von Au weist ein Schild auf den Aulehrpfad (10) hin. Der Wanderweg wurde von Schülern und Lehrern der Hauptschule Naarn angelegt. Auf Tafeln wird die Pflanzen- und Tierwelt erklärt und die Problematik des Auwaldes dargestellt. Für den aufschlußreichen Spaziergang durch die idyllische Aulandschaft brauchen Sie etwa 1 Stunde.

*Der Weg führt später wieder auf die Dammkrone hin-* 47 km
*auf und weiter bis zum* ***Kraftwerk Wallsee-Mitter-*** (140 km)
***kirchen****.*

*Wir kommen zunächst zur* ***Rad-Informationsstelle*** *(11), wo die letzte Zimmervermittlung für Oberösterreich tätig ist. Der Weg endet dann unmittelbar vor dem Ausgangstor des Kraftwerksgeländes.* ***Vorsicht Ampelbetrieb!***

*Über die Kraftwerkstraße wird der Verkehr mit einer Ampel im 6-Minuten-Takt geregelt. Das heißt, daß alle 6 Minuten einige Autos im Schub die Strecke befahren. Also empfiehlt es sich, diese Autos jeweils vorbei zu lassen, um dann ungestört und in Ruhe weiterfahren zu können. Unsere Fortsetzung der Hauptroute führt hier nach rechts, um über das Kraftwerk auf die* ***südliche Donauseite*** *zu gelangen, auf der wir später* ***bis Melk*** *bleiben werden.*

*Für den Abstecher zum* ***Freilichtmuseum Mitterkirchen*** *(12) biegen wir nach links ein, Richtung Grein: Durchfahren werden der Ort* ***Hütting*** *und* ***Mitterkirchen****, wo wir an einer T-Kreuzung nach rechts weiterfahren (****»Grein«****). Nach etwa 2 km liegt linker Hand das Freilichtmuseum, dessen Besuch gerade für Familien mit Kindern sehr empfehlenswert ist.*

## Freilichtmuseum Mitterkirchen

1980 fand der Bauer Josef Dierneder auf dem großen Acker vor seinem Haus einen Hohlring aus Bronze. Experten war es sofort klar, daß dieser Ring aus der Keltenzeit stammen mußte. Die Archäologen fingen an zu graben und fanden ein großes Gräberfeld aus der Hallstattzeit, um 700 v. Chr.

Das Erlebnismuseum in Mitterkirchen erzählt hautnah und lebendig die

Geschichte dieser Zeit nach. Es vermittelt einen Eindruck in die Lebensweise der Menschen, die im Machland vor mehr als 2.500 Jahren gelebt haben. Öffnungszeiten: Mitte April bis Ende Oktober täglich 9 bis 17 Uhr, Tel. 0 72 69/ 66 11, Gaststätte 0 72 69/ 68 90.

*Rückfahrt zur Hauptroute: zum Stauwerk und die Donauseite wechseln. Nach Verlassen des Kraftwerks führt die Straße über eine* ***Halbinsel*** *und dann über eine* ***Brücke*** *auf das* ***Festland****. Am Ortsanfangschild von Wallsee nach links und jetzt wieder parallel am Donauufer entlang, immer ausgeschildert Richtung* ***Ybbs****. Im nächsten Ort, in*
*53 km* ***Sommerau*** *liegt rechts ein kleiner* ***Campingplatz*** *bei einem*
*(146 km) Bauern, und im nächsten Ort* ***Leitzing*** *halten wir uns links.*

An dieser Kreuzung gegenüber steht die »Riesenmostbirn« (13) aus Holz, das Wahrzeichen der Region, das besonders die Kinder lustig finden. Während die Erwachsenen sich an den Naturprodukten im Bauernladen laben, können sich die Kleinen auf dem Spielplatz richtig austoben.

*Bei der Weiterfahrt heißt es aufpassen, da man sich kurz danach leicht verfahren kann: Etwa 3 km später zweigen wir auf offener Landstraße nach links* ***Richtung Ybbs****,* ***Grein*** *und* ***Markt Ardagger*** *ab. Die Straße stößt einige Kilometer weiter auf ein Stoppschild, vor der Bundesstraße 119, die wir überqueren. Wir fahren in den Ort* ***Ardag-***
*59 km* ***ger Markt*** *hinein, und an der T-förmigen Einmündung geht*
*(152 km) es nach links – oder zum alternativen Ausflug.*

## Ausflug nach Ardagger Stift:

*Wir fahren hier rechts in eine Straße, aus dem Ort hinaus. Am Ortsende (in Höhe einer Tankstelle) biegen wir nach links in einen Fuß- und Radweg ein, der parallel zur*

Ganz schön holzig - die Riesenmostbirne

*Bundesstraße verläuft. Nach etwa 2 km geht es rechts nach* ***Ardagger Stift****. Die Straße weist nur geringe Steigung auf, und erst das Stift selbst liegt etwas höher.*

Vom ehemaligen Stift dient nur noch die **Stiftskirche** (14), heute als Pfarrkirche, religiösen Zwecken. Die Kirche stammt aus der Romanik und wurde im 13. Jahrhundert gotisch umgebaut. Besonders bemerkenswert ist das **Margarethenfenster** hinter dem Altar, ein Hauptwerk österreichischer Glasmalerei und das älteste figurale Glasfenster des deutschen Sprachraums. Schön sind auch **Krypta** und **Kreuzgang**.

Etwa 20 m weiter den Berg hinauf zur Rechten die **Mostgalerie** (15), in der Sie von Ostern bis Ende Oktober täglich von 13 bis 18 Uhr guten Most und beste Obstsäfte verkosten können. Nach Voranmeldung dürfen Sie auch zu anderer Zeit kommen, Tel. 0 74 79/ 64 00, Fax 64 00-4.

Tip

## Das Mostviertel

Zwischen den Unterläufen der Enns und der Ybbs streifen wir auf der südlichen Donauseite eine uralte und unverwechselbare Kulturlandschaft – das Mostviertel. Namensgeber und Taufpate der Region ist ein Getränk, das die Bauern dieser Region seit Jahrhunderten aus den Früchten der unzähligen Apfel- und Birnbäume gewinnen. Wer im Frühjahr unterwegs ist, radelt durch eine unvergleichliche Kulisse. Hunderttausende Obstbäume erblühen im strahlenden Weiß über dem frischen Grün der sanften Hügellandschaft. Dazwischen liegen die imposanten Vierkanthöfe, die meist im letzten Jahrhundert entstanden sind, als die Bauern von den Grundabgaben an Adel und Kirche befreit worden waren. Direkt beim Bauern läßt sich das bernsteinfarbige Getränk, das mit 4 bis 8 % Alkohol als »Gespritzter«, also mit Mineralwasser gemischt, noch gut für Radler geeignet ist, auch kosten oder wie man im Mostviertel sagt »piperln«. Ein Genuß, der fast in Vergessenheit geraten wäre, denn das unverbildete Nahrungsmittel wurde seit den 60er Jahren von Bier und Limonaden fast völlig verdrängt. Most und Natursäfte ließen sich kaum mehr vermarkten, und mehr als die Hälfte der eine Million Obstbäume fiel bis in die 80er Jahre den Motorsägen zum Opfer.

Der 1993 gegründete Verein »Die Mostgalerie« hat dem Most zu neuem Ansehen verholfen. Mit Maßnahmen wie der Einführung von vier Geschmacksrichtungen – mild, halbmild, kräftig und resch – wurden die Qualität des Mostes und die Verkaufszahlen gesteigert. Wer Näheres über den Most und seine Landschaft erfahren will, sollte den Ausflug in die Mostgalerie in Ardagger Stift einplanen. Im stilvoll renovierten Gewölbekeller der Stiftstaverne aus dem 13. Jahrhundert erwarten den Gast eine interessante Verkostung von hochwertigen prickelnden Birnenmostsorten und herrlichen naturreinen Fruchtsäften.

*Auf dem gleichen Weg, auf dem wir gekommen sind, radeln wir wieder zurück nach Ardagger Markt und geradeaus durch den Ort hindurch.*

Reiche Ernte ...

... wird eingebracht

# Ausflug nach Steyr

## Mit der Bahn hin, per Rad an der Enns zurück

Ein Ausflug von etwa einem halben Tag verspricht Abwechslung, wenn Sie vielleicht etwas »donaumüde« sind und das liebenswerte Steyr besuchen möchten. Damit Sie die Strecke nicht doppelt fahren müssen, bringt Sie die ÖBB von Bahnhof Enns das Ennstal hinauf nach Steyr. Die Einmündung des Flusses Steyr in die Enns gab der sehenswerten Stadt ihren Namen und machte sie zu einem wichtigen Handelsplatz. Erze und Holz aus den Bergen wurden Richtung Donau verfrachtet und flußaufwärts wertvolle Handelsgüter aller Art. Das Stadtbild läßt noch viel von früherer Größe ahnen, herrscht doch auch heute reges Leben in zahlreichen schönen Kaffeehäusern, gemütlichen Wirtschaften und attraktiven Läden. Die Route führt meist auf kleinen Feld- und Forstwegen und Straßen durch das Ennstal, und auf dieser Route herrscht natürlich weniger Radlerverkehr als an der Donau. Unterwegs sollten Sie jedoch sehr genau auf unsere Routenbeschreibung achten, da Sie der Ausschilderung im Gelände nur bedingt folgen können und wir besonders stille Wege etwas abseits gewählt haben.

### Kurzbeschreibung und Informationen

**Streckenlänge:** 29 km ab Bhf. Enns, weitere 3 km bis zurück zu der Abzweigung vom Donauradweg in Enghagen.
**Wegbeschaffenheit:** nicht durchgehend asphaltiert.
**Verkehr:** meist verkehrsarme landwirtschaftliche Wege.
**Bahnverbindungen:** Enns, Steyr.
**Sehenswürdigkeiten:** *Steyr:* historische Altstadt, Stadtpfarrkirche, Bürgerspital, Michaelerkirche, Museum Industrielle Arbeitswelt.

Romantisches Steyr

**Übernachtung:** mehrere Hotels und Gasthöfe in Steyr; – Privatzimmer: deutlich weniger als im Donautal; – Jugendherberge: Steyr; – Camping: Steyr-Münichholz.

**Gaststätten:** vielfältiges Angebot in Steyr.

**Bademöglichkeiten:** Hallen- und Freibad in Steyr.

**Orts-Informationen:** *Steyr:* A-4400, Tel. 0 72 52/ 5 32 29.

# Ausflug nach Steyr

*Die Zufahrt zum **Bahnhof in Enns** ist bereits beim Abstecher von **Enshagen** Richtung Enns beschrieben. Abfahrt in Enns täglich 10.15 und 12.15, Mo.–Fr. 15.38 Uhr, Ankunft Steyr 10.41, 12.41, 16.13 Uhr. Preise pro Person 48 öS, Radtageskarte 30 öS.*

0 km *Am Bahnhof in Steyr (1) verläßt man das **Hauptgebäude** und fährt nach rechts entlang dem **Busbahnhof** bis zum Ende der Straße. Am Ende des Busbahnhofs geht links die **Bahnhofstraße** bergab. Diese Straße weist jetzt direkt auf eine Kirche zu, die schon auf der anderen Seite des Flusses steht. Ab der nächsten Kreuzung dürfen nur Radler entgegen der Einbahnstraßenregelung zur Enns hinunter fahren. Auf der anderen Seite des Flusses, unmittelbar nach der Brücke leitet die **Ortsausfahrt** nach rechts. Nach links erreichen wir aber die **Fußgängerzone**, die zum **Hauptplatz** von Steyr führt. Hierher müssen Sie einen Abstecher machen, denn Steyr bietet viel Sehenswertes.*

**Steyr** ist eine Einkaufsstadt und hat zahlreiche, attraktive Geschäfte aller Branchen mit sehr geschmackvollem Angebot. Der **Stadtplatz** zählt mit seinen reichgeschmückten Häusern aus Gotik, Renaissance, Barock und Rokoko zu den schönsten Europas. Kleine, schmale Gäßchen führen zum **Flußkai der Enns** und in die hinteren Gassen, dazwischen tun sich **Innenhöfe** auf, die einen Hauch der Erinnerung aufleben lassen, welche Art von Leben einst in diesen **Bürgerhäusern** herrschte. Nach außen hat die **Stadt des Erzhandels** ihre abwechslungsreichen Fassaden zu den beiden Flüssen **Enns** und **Steyr** ausgerichtet, die hier zusammenfinden. Für so viel fließendes Wasser an allen Ecken und Enden benötigt der mehr als 1.000 Jahre alte Ort über 40 Brücken und Stege.

Im Sommer gibt es täglich um 14 Uhr eine Stadtführung, Treff am Rathaus.

An der Touristinfo (2) im Rathaus liegt ein Kinderquiz über Steyr auf.

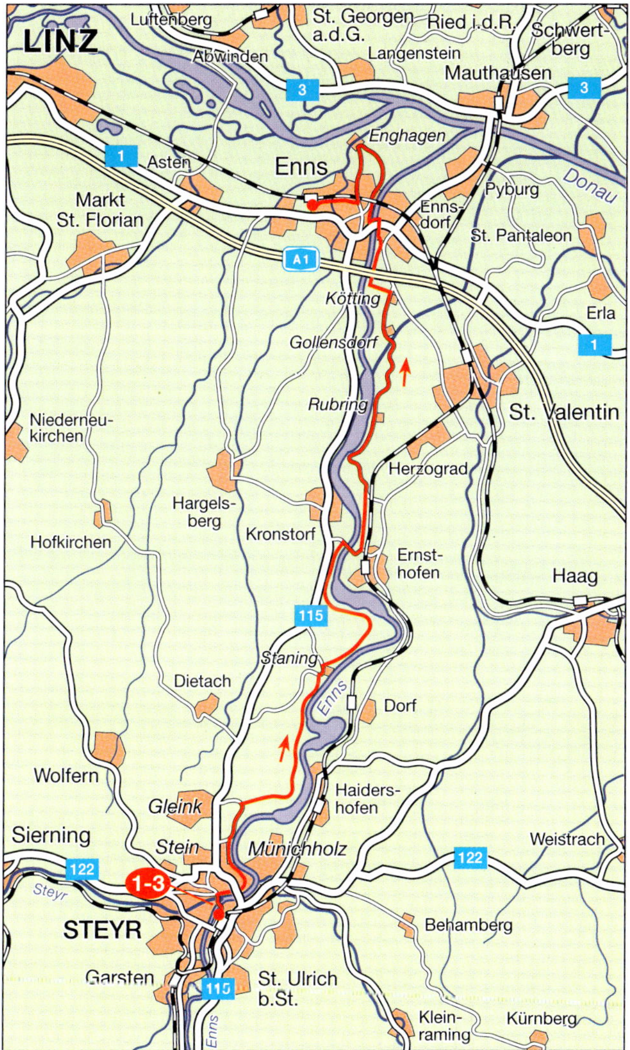


1 bis 3 = Besondere Sehenswürdigkeit, s. Text

*Weiter hinaus aus der Stadt* ***Steyr*** *fahren wir jedoch nach rechts auf die schon vorher avisierte* ***Barockkirche*** *(3) (Bürgerspitalkirche) zu. Nach der Überquerung der Brücke über die Steyr müssen wir jetzt noch vor der Barockkirche unmittelbar rechts, leicht bergauf. Die* ***Schlüsselhofgasse*** *führt weiter bis zur* ***Bundesstraßenbrücke*** *über die Enns. Unmittelbar vor dieser Brücke fahren wir leicht bergab und unterqueren sie, ausgeschildert ist hier der* ***Kulturradweg*** *mit* ***Richtung Linz*** *(braune Schilder).*

*Etwa 100 m weiter biegt die ausgeschilderte Route links ab in die* ***Fachschulstraße****, diese endet in der* ***Röselfeldstraße*** *(Vorfahrt achten). Diese nach links weiter lenken bis zum T-förmigen Ende an der* ***Sportplatzstraße****. Hier rechts der Ausschilderung weiter folgen, bis die Straße vor einem Waldhang endet. Jetzt nach rechts in den* ***Steinwandweg****. Dieser Weg führt direkt zum* ***Ennsufer****, wo wir nach links weiter fahren (weiterhin Steinwandweg).*

*4 km* *Wir bleiben am Ennsufer, gelangen zur* ***Ennsbrücke****, die zum Campingplatz auf der anderen Flußseite führen würde. An dieser Stelle wird nach links abgebogen. Wir folgen weiterhin der Ausschilderung und radeln durch die folgende Siedlung hindurch. Am Ende dieser* ***kleinen Siedlungsstraße*** *können wir geradeaus weiter fahren. Der Weg geht dann eine Böschung hinauf, und hier fahren wir nach rechts weiter.*

*Von hier an führt der* ***Kulturradweg*** *gemeinsam mit dem ausgeschilderten* ***Ennstalweg*** *Richtung Enns (an dieser Stelle zwei Verkehrsspiegel).*

*Wir durchfahren den letzten Ortsteil von Steyr und folgen nach dem Ortsende längere Zeit einem kleineren Sträßchen. Nach dem Durchfahren einer Kuppe in einem Wäldchen anschließend links halten und in den kleineren Weg abbiegen (immer noch braune Beschilderung* ***Kulturradweg****).*

*9 km* *Wir kommen an ein* ***Wegedreieck****, hier verlassen wir den Ennstalweg und biegen* ***nach rechts ab****. Wir folgen jetzt dem*

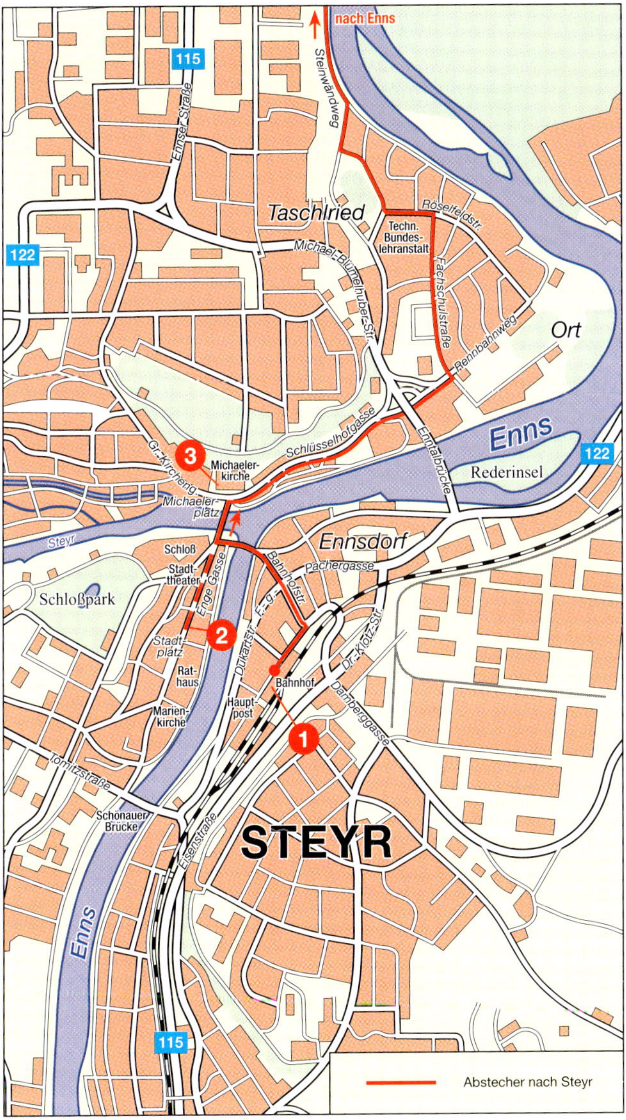
nach Enns
115
Steinwändweg
Ennser Straße
Taschlried
Röselfeldstr.
Techn. Bundes-lehranstalt
122
Michael-Blümelhuber-Str.
Fachschulstraße
Rennbahnweg
Ort
Enns
Schlüsselhofgasse
Ennstalbrücke
122
Rederinsel
3
Michaeler-kirche
Gr. Kircheng.
Michaeler-platz
Steyr
Ennsdorf
Schloß
Stadt-theater
Enge Gasse
Bahnhofstr.
Pachergasse
Schloßpark
F.-g.
Dr.-Klotz-Str.
2
Stadt-platz
Dukartstr.
Rat-haus
Bahnhof
Damberggasse
Haupt-post
Marien-kirche
1
Tomitzstraße
Schönauer Brücke
Eisenstraße
STEYR
Enns
115
Abstecher nach Steyr

*Radweg mit dem runden Schild mit der Aufschrift* ***»Radwanderroute–Stausee–Staning«****.*

*Bereits nach etwa 300 m (Hochspannungsmasten) nach links auf die nächste Böschung und direkt auf ein Gehöft zu biegen wir in einen unbefestigten Feldweg ein. Unmittelbar vor dem Bauernhof macht der Weg eine scharfe Spitzkehre und führt hinauf zum* ***Waldrand****. Wir biegen in den Weg ein, der sich immer an der* ***Taloberkante*** *entlang schlängelt.*

*Zwischen den Bäumen öffnet sich zuweilen ein sehr schöner Blick über die Enns-Stauseen. Nach einiger Zeit tauchen zur Bestätigung wieder die Schilder auf:* ***»Radwanderroute-Staussee-Staning«****.*

*Der Weg bleibt so lange am Hochufer, bis er nach einem großen Bauernhof wieder ins Tal hinunter führt. Der Weg endet unten am Vorfahrt-Achten-Schild vor einigen Gehöften. Wir fahren hier links weiter und biegen nach etwa 500 m (unter vielen Hochspannungsmasten) nach rechts* ***Richtung Enns (Ennstalweg****).*

*Der Weg wird nach einigen Kilometern zum Radweg an einer Landstraße und endet am nächsten Gehöft T-förmig vor einem Nebensträßchen. Wir fahren nach rechts (Sackgassenschild). Der Weg führt hinunter zum Ennsufer mit Siedlungshäusern und teils recht schmal auf* ***den Damm*** *des Kraftwerks zu. Wir lenken den Damm hinauf und* ***überqueren das Kraftwerk****. – Vorsicht bei Gegenverkehr, denn die Fahrbahn*
*20 km* *ist nur 2,50 m breit.*

*Wir wechseln übrigens bei dieser Gelegenheit das Bundesland – die Enns dient als Grenze – und kommen nach Niederösterreich.*

*Nach dem Kraftwerk folgen wir der Hauptrichtung und benützen die erste Gelegenheit nach links in die* ***Uferstraße****. Ab hier gilt wieder die Ausschilderung mit den grünen Schildern* ***Ennsweg*** *(jetzt niederösterreichisch)* ***Richtung Ennsdorf****.*

*Der Weg führt zunächst zwischen* ***Siedlung*** *und* ***Ennsufer*** *entlang, und hinter Ernsthofen hört vorübergehend die*

Steyr lockt zum Bummeln

Asphaltdecke auf. Der Weg endet danach am Vorfahrt-Achten-Schild neben einem Gehöft, wir fahren nach links weiter Richtung **Ennsdorf**. Auch dieses kleine, wenig befahrene Landsträßchen führt immer parallel zum Damm der Enns.

Zwei Orte werden durchfahren, erst **Rubring**, dann **Thurnsdorf**, wo wir uns an der Vorfahrtstraße links halten, der **Ausschilderung Ennsdorf** folgend. Die Landstraße führt dann über den **Ennskanal** hinweg durch die Orte **Gollensdorf** und **Wimm**. In **Kötting** fahren wir in den Ort hinein, die Straße führt sehr gerade hindurch. Erst 50 m bevor sie eine scharfe Rechtskurve machen würde, biegen wir auf Höhe der Bushaltestelle nach links in einen **Feldweg** ab, der einen Obstgarten durchquert. Dieser Weg führt in der Hauptrichtung geradewegs auf den **Auwald der Enns** zu. Etwa 100 m nach der Einfahrt in den Wald treffen wir T-förmig auf einen anderen Weg, in den wir nach rechts einbiegen. Wir kommen direkt zur **Autobahnbrücke**, unterqueren sie und befahren weiter den Feldweg in etwa parallel zum Ennsufer. Wir landen später am Ortsrand von **Ennsdorf**.

# Ausflug nach Steyr

20 m bevor das kleine Sträßchen an einer breiten Landstraße enden würde, biegen wir nach links in das Dorf hinein. Dort macht die Straße nach einer Schreinerei einen scharfen Knick nach rechts und würde gleich wieder auf die vorbeiführende Landstraße führen. An dieser Knickstelle biegen wir statt dessen links in eine **private Hauszufahrt** ein (Sperrschild und »Privatgrund – Durchgang auf eigene Gefahr«). Dieser Weg führt auf den **Enns-Damm** zu. Es handelt sich um nur einen Fußpfad, der aber per Rad befahrbar ist.

27 km Zur Linken sehen wir **Enns** und vor uns die stark befahrene, stählerne **Straßenbrücke** über die Enns. Wir unterqueren diese Brücke, benützen aber mit einer Schleife gleich ihren vom Straßenverkehr **getrennten Rad- und Fußweg**, um auf die **andere Seite der Enns** zu gelangen.

Unmittelbar nach dem Brückenende steuern wir scharf rechts, leicht bergab in einen Rad- und Fußweg. Der Weg führt durch ein kleines **Gewerbegebiet**, und an der anschließenden T-förmigen Einmündung biegen wir nach rechts in die Straße und benützen den Rad- und Fußweg, der dann wieder direkt am Ennsufer entlang führt. Wir unterqueren
29 km später die **Eisenbahnbrücke**, kurz davor geht es übrigens zum Bahnhof Enns zurück.

Hinter der Eisenbahnbrücke bleiben wir auf dem Rad- und Fußweg bis an das **Ortsende**. An dieser Stelle fahren wir in ein kleineres Sträßchen (**Enghagener Straße**) geradeaus weiter. Dieser Weg ist bereits wieder ausgeschildert als **Radweg zur Donauradfähre**. Er führt nach Enghagen, wo wir am Ortsrand nach rechts abbiegen, direkt zur **Fähre nach Mauthausen**.

## Tip Die österreichische Donauküche

An der Donau haben Römer und Bajuwaren, Böhmen und Ungarn ihre Spuren in der Eß- und Trinkkultur hinterlassen. Die Römer brachten den Wein und die Obstveredelung, und aus dem Getreidebrei

Wohl bekomm's

der Bajuwaren entwickelten sich die Mehlspeisen, die heute aus der österreichischen Küche nicht mehr wegzudenken sind. Später bildeten Milch und Fleisch die Grundlage für neue köstliche Gerichte: Gerolltes, Geschnetzeltes, Kurzgebratenes und Braten in allen Variationen haben an der Donau lange Tradition. Gekocht wurde in den bäuerlichen Haushalten gut und reichlich, wobei süße oder salzige Mehlspeisen Vorrang hatten, denn Fleisch kam immer nur sonntags auf den Tisch.

Schon 1552 bezeichnete ein gewisser Kaspar Bruschius, ein Humanist böhmischer Herkunft, die Bewohner von »Österreich unter der Enns« als ein Volk von Paschallern. Unter Paschaller verstand man früher Menschen, für die das ganze Jahr Passah – Ostern – war, solche also, die niemals fasteten. Auf einer Reise entlang der Donau zu fasten, würde noch heute sehr schwer fallen, denn das Angebot in den verschiedenen Regionen ist mannigfaltig und verführerisch. Mostsuppe, -braten und -schöberl im Mostviertel, Karpfen, Erdäpfelgulasch und Mohntorte im Waldviertel, Saumaisen, Waller, Zander und Marillenstrudel in der Wachau, Wiener Backhendl und Wiener Schnitzel sind nur einige Beispiele der traditionellen Kochkunst, die überall gepflegt wird. Und wer Ober- und Niederösterreich verläßt, ohne nur einen Knödel zu tosten, der hat etwas versäumt. Hier eine Liste zum Abhaken und Ergänzen: Erdäpfel-, Semmel-, Servietten-, Grieß-, Haschee-, Leber-, Mark-, Brösel-, Selch-, Grammel-, Marillen-, Zwetschgen-, Erdbeer-, Topfen- und Germknödel.

# Ardagger Markt–Melk

## Vom mächtigen Strudel zum prächtigen Stift

Von der Donau geprägt

Schneller als wir sie bisher erlebt haben, fließt die Donau im Strudengau dahin. Zu früheren Zeiten galt sie hier als besonders wild und gefährlich und gab so einem ganzen Landstrich seinen Namen. Ehe die wilden Wasser bei Ybbs gestaut wurden, machten gefährliche Strudel, Stromschnellen und Untiefen den Fischern und Schiffsleuten das Leben schwer. Geheimnisvolle Geschichten von Raubrittern und Wassergeistern erzählt man sich noch heute. Hier sollen Raubritter eiserne Ketten über die Donau gespannt haben und so von den Handelsleuten ihre Maut kassiert haben. Wenn Ihr Blick geschärft ist, sehen Sie vielleicht den »Donaufürsten« mit seiner Edelsteinkrone, der angeblich in der Nähe von Freyenstein tief unten im Strom haust.

Nach der Staustufe von Ybbs entrinnt die Donau ihrer Enge und fließt unterhalb von der Wallfahrtskirche Maria Taferl wieder geradlinig dahin. Der Treppelweg führt nach Pöchlarn, dem Geburtsort des Malers Oskar Kokoschka. Ein Museum in seinem Geburtshaus beherbergt 24 Lithographien, die er der Stadt als Dank für seine Ehrenbürgerschaft geschenkt hat. Tagesziel und absoluter Höhepunkt der Etappe ist Melk. Das Benediktinerstift leuchtet in seiner barocken Pracht und Herrlichkeit weit über die Donau hinaus.

## Kurzbeschreibung und Informationen

**Streckenlänge:** 53 km, Grein 8 km, Maria Taferl einfach 4 km (230 Höhenmeter).

**Wegbeschaffenheit:** Fahrbahn bis auf kurze Stücke durchgehend asphaltiert.

**Verkehr:** Zunächst bis Donaubrücke (Verkehrsproblem!) nach Grein kleines Sträßchen oder getrennter Radweg. Nach der Brücke kleine Straßen mit Anlieger- oder lokalem Verkehr bis Ybbs, nach Ausfahrt Ybbs hauptsächlich Treppelweg bis Einfahrt Melk.

**Bahnverbindungen:** Strecke entlang der Radroute mit Bahnstationen erst ab Säusenstein, Krummnußbaum, Pöchlarn bis Melk.

**Schiffsangebot:** Linienschiff legt an in Ardagger, Grein, Ybbs, Marbach, Pöchlarn, Melk, Spitz. Fährt jedoch nur an verschiedenen Wochentagen, saisonal recht eingeschränkt bis Krems. Auskunft: Donauschiffahrt Ardagger, Tel. 0 74 79/ 64 64-0, Fax -10.

**Sehenswürdigkeiten:** *hinter Ardagger:* Heeresgeschichtliches Museum, *Grein:* Stadttheater, Marktplatz, Greinburg mit Schiffahrtsmuseum, *Ybbs:* Donaulände, Pfarrkirche, Mauthäuser, Altstadt, *Marbach:* Maria-Taferl, *Pöchlarn:* Heimatmuseum, Kokoschkamuseum, *Melk:* Stadtkern, Pfarrkirche, Stift.

**Übernachtung:** Hotels an der Radroute nur in Pöchlarn und Melk (mehrere), allerdings am Nordufer noch in Marbach (selten verkehrende Fähre) und Maria Taferl (hoch oben am Berg). Mehrere Gasthöfe gibt es in den genannten Orten sowie mit Abstecher zum Nordufer in Grein (4 km), Persenbeug (2 km) und Kleinpöchlarn (Fähre). Einzelne Gasthäuser im Strudengau und in Krummnußbaum. – Privatzimmer: fast nur in den gerade erwähnten Orten. – Jugendherberge: Melk. –

# *Ardagger Markt – Melk*

Camping: Marbach, Pöchlarn, Kleinpöchlarn, Melk.

**Gaststätten:** Außer den oben genannten Häusern zusätzlich Schiffsgaststätte, Jausenstation und Campingimbiß im Strudengau, sowie »Fährhaus« kurz vor Melk.

**Bademöglichkeiten:** Freibad in Grein (Abstecher 4 km), Donaubad bei Hößgang, Hallenbad und Badeteich in Ybbs, geheiztes Freibad in Pöchlarn, Schwimmbad in Melk.

**Rad-Info am Donauweg:** Ybbs: Tel. 0 74 12/ 5 52 33, Melk: Tel. 0 27 52/ 23 07-32.

**Orts-Informationen:** *Grein:* A-4360, Tel. 0 72 68/ 66 80, *Ybbs an der Donau:* A-3370, Tel. 0 74 12/ 5 26 12, *Marbach a. d. Donau:* A-3671, Tel. 0 74 13/ 3 11, *Kleinpöchlarn:* A-3660, Tel. 0 74 13/ 83 00, *Krummnußbaum:* A-3375, Tel. 0 27 57/ 24 03, *Pöchlarn:* A-3380, Tel. 0 27 57/ 23 10, *Melk:* A-3390: Tel. 0 27 52/ 23 07-32.

*0 km*
*(152 km)*

*In **Ardagger Markt** führt die Straße aus dem Ort und verläuft danach zunächst rechts unterhalb der hochgelegenen Bundesstraße. Nach etwa 500 m wird die **Bundesstraße gekreuzt**, der Radweg lenkt zum Donauufer und zu einer **Rad-Informationsstelle** (1). Kurze Zeit später kommt ein Hinweis zum **Militärgeschichtlichen Museum** (2), das eine Sammlung von Waffen, Uniformen, Geräten und Fahrzeugen aus der Zeit der Monarchie bis zur Gegenwart zeigt.*

*Der Radweg bleibt links der Bundesstraße bis zur **Donaubrücke nach Grein**. Wir fahren unter der Brücke durch, biegen in der unmittelbar folgenden Rechtskurve nach links **Richtung Ybbs** ab, bleiben also weiterhin auf dem **rechten Donauufer**.*

*5 km*
*(157 km)*

## Abstecher Grein

An dieser Stelle ist von weitem schon der Ort **Grein** (3) erkennbar. Er liegt jedoch auf der linken Donauseite, deren Radweg hier nicht so angenehm wie der rechtsseitige ist. Es empfiehlt sich jedoch ein kurzer Abstecher nach Grein.

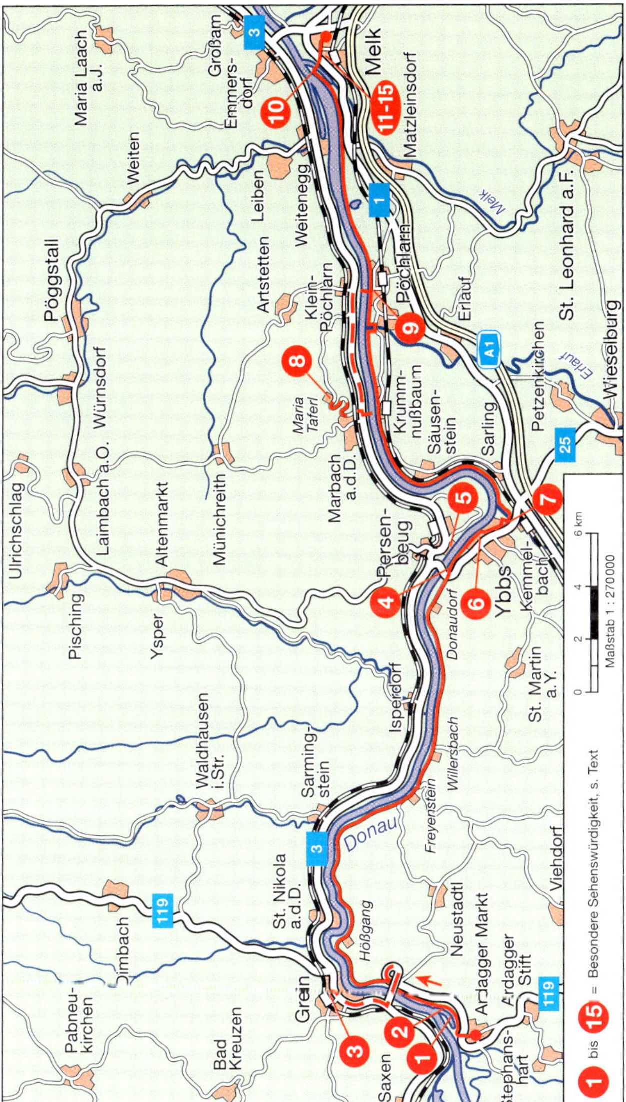
Melk
Matzleinsdorf
Großam
Emmers-
dorf
Maria Laach
a.J.
Weiten
Leiben
Weitenegg
Melk
St. Leonhard a.F.
Pöggstall
Artstetten
Klein-
Pöchlarn
Pöchlarn
Erlauf
Maria
Taferl
Krumm-
nußbaum
Säusen-
stein
Sarling
Petzenkirchen
Wieselburg
Erlauf
Würnsdorf
Laimbach a.O.
Ulrichschlag
Altenmarkt
Münichreith
Marbach
a.d.D.
Persen-
beug
Ybbs
Kemmel-
bach
Donaudorf
Pisching
Ysper
Waldhausen
i.Str.
Sarming-
stein
Isperdorf
Willersbach
St. Martin
a.Y.
Donau
Freyenstein
Viehdorf
St. Nikola
a.d.D.
Dimbach
Hößgang
Neustadtl
Ardagger Markt
Ardagger
Stift
Grein
Pabneu-
kirchen
Bad
Kreuzen
Saxen
Stephans-
hart
119
3
1
25
A1
0 2 4 6 km
Maßstab 1 : 270000
1 bis 15 = Besondere Sehenswürdigkeit, s. Text

*In diesem Fall muß auf der **rechten Fahrbahnseite** der stark befahrenen Bundesstraße die **Donau überquert** werden. Am Brückenende am Nordufer – hier besser: Nordwestufer – kommt eine T-förmige Einmündung in die hier vorbeiführende Bundesstraße. Hier fahren wir nach rechts und nach etwa 200 m, wo links die Leitplanke endet, nach links scharf zurück unter das Brückenbauwerk hinunter. **Vorsicht, sehr gefährliche Fahrbahnquerung!** Wir landen dann unten am Donauuferweg, auf dem wir nach links in Richtung Grein weiterfahren (**Treppelweg**).*

Das Bild der kleinen und beschaulichen Stadt Grein wird vor allem durch die **Bürgerhäuser** aus **Barock** und **Biedermeier** geprägt. Ein Schmuckstück ist das **Stadttheater**, es ist das älteste Theater Österreichs und wird heute noch benutzt, beispielsweise für die **Greiner Sommerspiele**. In den ersten Sitzreihen hatte früher jeder angesehene Bürger seinen »**Sperrsitz**« im wahrsten Sinne des Wortes. Der Klappstuhl war nur mit dem persönlichen Schlüssel zu öffnen. Von April bis Oktober finden im Theater täglich um 9, 10.30 und 14.30 Uhr Führungen statt. In der **Greinburg**, einem stattlichen Wohnschloß mit malerischem Arkadenhof, ist heute ein **Schiffahrtsmuseum** untergebracht. Auch der **Rittersaal** kann besichtigt werden. Das Schiffahrtsmuseum ist von Mai bis Oktober von 9 bis 12 und 13 bis 17 Uhr täglich außer Montag geöffnet.

Wer **Biedermeierluft** schnuppern möchte, sollte im **Café »Blumensträußl«** im ehemaligen Schiffsmeisterhaus einkehren. Die Einrichtung stammt fast komplett aus jener Zeit.

## Tip Salz- und Handelsschiffe auf der Donau

Salz war für unsere Vorfahren eines der wichtigsten Handelsgüter. Das gefragte Konservierungsmittel wurde vom 7. Jahrhundert an aus den unterirdischen Salzablagerungsstätten um Salzburg gewonnen und in

**Schlepper unterwegs**

ganz Europa vermarktet. Über den Inn kam das Salz nach Passau und wurde von dort weiter nach Osten gebracht. Die Flüsse waren die wichtigsten Handelswege, denn der Transport über die unbefestigten Straßen war mühsam und zeitraubend. Stromabwärts verlief die Fahrt auf den Flüssen Salzach, Inn und Donau verhältnismäßig einfach und schnell. Bis zu 40 km pro Tag wurden bei der »Naufahrt« zurückgelegt. In lockerer Formation fuhren die Schiffe flußabwärts und nutzten allein die Kraft des fließenden Wassers. Aber die Schiffe mußten ja auch – möglichst mit kostbaren Waren beladen – wieder zurück. Die Rückfahrt gestaltete sich schwieriger, denn durch die geringe Breite und auch Tiefe der Donau konnte weder gesegelt noch gerudert werden.

Die Schiffe wurden von Land aus gezogen. Bis ins 15. Jahrhundert wurde diese Arbeit von Tagelöhnern verrichtet, danach setzte sich der Pferdezug durch; mit ihm konnten größere Schiffe eingesetzt werden und zu einem Zug verbunden werden. Mit weniger Personal wurden jetzt größere Warenmengen transportiert.

Im 18. Jahrhundert entstanden die großen Donau-Schiffszüge. Vier große und acht kleinere Schiffe wurden miteinander verbunden, sie beförderten eine Fracht bis zu 400 Tonnen. Der Schiffszug wurde von 27 Reitern und 39 Pferden bewegt. Jedes einzelne Pferd zog also etwas mehr als 10 Tonnen – zu Land könnte ein Pferd über längere Zeit höchstens 50 Kilogramm fortbewegen.

Von den Gefahren der Donau-Schiffahrt berichten heute noch die Totenbücher der Pfarreien. Felsen, Sandbänke, Wasserstrudel waren ebenso zu überwinden wie die Eisstöße, die zu Beginn und Ende der Saison gefürchtet waren. Gefährlich waren auch die Herbstnebel, die zu Schiffszusammenstößen führten, an denen aber auch die Trinklust der Schiffer schuld sein konnte. Wo damals die Pferde ihre schwere Last mühevoll donauaufwärts zogen, radeln Sie heute mühelos abwärts, denn die ausgebauten Treppelwege sind das Herzstück des Donauradwegs.

*Aus Richtung **Grein** zurückkommend, müssen wir uns wieder auf die Bundesstraße hinauf begeben, nach rechts weiter fahren und in die Linksabbiegespur einordnen, um dann nach links über die **Donaubrücke** hinweg aufs andere Ufer zurückzugelangen. Dort am Ende der Linkskurve steuern wir nach rechts in das kleine Sträßchen **Richtung Ybbs** (ausgeschildert Richtung Hößgang – Wiesen) und fahren wieder weiter am rechten, südlichen Donauufer entlang.*

*Diese **Anliegerstraße**, die hauptsächlich den Radlern vor-*
*22 km* *behalten ist, führt bis Ybbs. Kurz **vor Ybbs** endet sie T-förmig*
*(174 km)* *an einer Kurve (zur Brücke auf die andere Donauseite). Wir bleiben diesseits der Donau und benützen den Zebrastreifen, um auf die linke Seite der Straße zu wechseln. Dort ist wieder eine **Zimmerinformation** (4) (jetzt von Niederösterreich). Nach etwa 100 m geht der Weg links bergab zum Donauufer, als **ausgewiesener Donauradweg**.*

Vom Uferweg aus fällt der Blick auf die Burg von **Persenbeug** (5) gegenüber. Die trutzige Burg stammt aus dem Jahr 863 und wurde später zum Schloß ausgebaut. Seit 1800 ist Persenbeug im Besitz der **Habsburger**, der letzte Kaiser Österreichs, Karl I., wurde hier geboren.

*In Ybbs fahren wir am Donauufer unten entlang.*

Für den Radler recht zahm: der wilde Strudengau

Übrigens: Falls Sie sich fragen, was das frisch renovierte, palastartige Gebäude am Donauufer darstellt – es beherbergt eine psychiatrische Klinik.

Es bietet sich natürlich ein Ausflug in die **Altstadt** (6) von Ybbs an. Der alte, romantische Donauort, der auf eine römische Siedlung zurückgeht, war einst Zentrum des Handels und der Schiffahrt. Eisen, Tuch, Salz und Wein ließen **Ybbs** 1312 zur Stadt werden. Vom früheren Reichtum zeugen die **ehemaligen Zollämter** an der Donaulände: die alte **Weinmaut**, das **Salzamt** und der **Passauer Kasten**, ein Getreidespeicher.

Die stattliche spätgotische **Pfarrkirche Hl. Lorenz** mit barocker Innenausstattung überragt den malerischen, **historischen Stadtkern**.

**Tip**

## Sisis Brautfahrt

Im April 1854 bestieg die bayerische Prinzessin und angehende österreichische Kaiserin »Sisi« am Passauer Rathausplatz einen Salondampfer, um zu ihrer glanzvollen Hochzeit in Wien zu gelangen. Um ein Haar hätte ein Unglück der österreichischen Geschichte möglicherweise einen anderen Verlauf gegeben – und bestimmt auch dem Leben der Romy Schneider – denn das Schiff lief im gefürchteten Greiner Strudel auf Grund. Trotz aller Widrigkeiten der Donau konnte Prinzessin Elisabeth (Sisi. Sissi oder Sissy) am 22. April in Ybbs wohlbehalten das Ufer erreichen. An die Huldigung der Bevölkerung und die spätere Verehrung der Kaiserin durch die getreuen Ybbser Frauen erinnert eine Tafel am Mauthaus (7).

*Vom Uferweg zweigen wir nach der Stadtbefestigung ab. Wir fahren dann scharf rechts zurück zu einer parallel führenden Straße. An der folgenden kleinen Kreuzung durchqueren wir schräg gegenüber eine kleine Schrebergartensiedlung. Die Route ist gut ausgeschildert, quert anschließend ein Gewerbegebiet und führt auf der linken Seite einer Ausfallstraße aus dem Ort hinaus. Nach einer großen holzverarbeitenden Fabrik führt der Radweg nach links (Vorsicht: Lkw -Verkehr).*

*Nach etwa 150 m biegen wir nach rechts in eine schöne Allee in den Wald hinein ab, die zur Brücke über die Ybbs*

Vor Säusenstein

*führt. Hier wird empfohlen abzusitzen und zu schieben. Es geht dann die Ybbs entlang. An ihrer Einmündung in die Donau schwenken wir nach rechts und folgen wieder dem Donauufer.*

*Bereits bei Diedersdorf ist in der Ferne auf dem Berg schon die Kirche Maria Taferl zu sehen. Am Ortsende aufpassen: links halten wieder zum Donauufer. Bei einem Bahnübergang (Ortsende Wallenbach) treffen wir auf eine wenig befahrene Landstraße. Nach links geht's etwa 1 km weiter bis zu dem kleinen Hafen zur Linken. Danach wird (entgegen der Ausschilderung) die erste Gelegenheit genützt, um zum Donauufer zurückzukehren. Der Ort Krummnußbaum bleibt also zur Rechten liegen. Am Donauufer erreichen wir gleich* *36 km*
*die Fährstation nach Marbach a. d. D.* *(188 km)*

## Tip: Maria Taferl

Maria Taferl (8) thront jetzt direkt über Marbach. Auf dem 440 m hohen Bergrücken – mehr als 200 m über der Donau – befand sich ursprünglich eine keltische Kultstätte. Als sich der christliche Glaube mehr und mehr durchsetzte, brachte man an der dort stehenden Eiche eine Tafel mit einem Kreuz an. Der Legende nach bemerkte ein Viehhirte beim Holzschlagen das Kruzifix nicht und versuchte, die dürre Eiche zu fällen. Zweimal rutschte ihm die Axt ab, dann hieb er sie sich in die Beine. Erst da entdeckte er das Kreuz, betete um Vergebung – und nach kurzer Zeit hörten seine tiefen Wunden auf zu bluten. – Diese Geschichte und weitere Engels- und Lichterscheinungen ließen die Bevölkerung verstärkt »zum Taferl« pilgern.

1660 legte man den Grundstein für die Wallfahrtskirche, in deren Apsis die Eiche samt Gnadenbild integriert wurde. 1755 wurde der Baum durch Brandstiftung vernichtet. Heute ersetzt ihn eine Eiche aus Metall. 1947 erhob der Papst Maria Taferl zur Basilika. Die Kirche wurde von zahlreichen Künstlern im prächtigsten Barock ausgestaltet. Die beiden Seitenaltäre schuf der »Kremser Schmidt«.

Wenn Sie sich einen Ausflug nach **Maria Taferl** gönnen möchten, stellen sich zwei Hindernisse in den Weg: die **Donau** und eine gewaltige Steigung. Da wir uns auf der angenehmeren Radroute, auf der Donausüdseite, befinden, brauchen wir die **Fähre**. Die für Radler geeigneten Fährzeiten sind sehr eingeschränkt: nur von Montag bis Freitag ab 13.45 Uhr jede volle Viertelstunde bis 18.30 Uhr. Um anschließend über 200 Höhenmeter zur Wallfahrtskirche zu überwinden, empfehlen wir zur Schonung der Familienstimmung ein Taxi. Zur Rückkehr auf der Südseite: die Kleinpöchlarner Fähre verkehrt häufiger.

## Taxipause für müde Radler...

Eine Taxiunternehmerin transportiert Sie mit Ihren Rädern für insgesamt 200 öS die 4 km nach Maria Taferl hinauf (Tel. 0 74 13/ 3 71, Mobil: 06 63-80 22 54). Neben dem kunstgeschichtlichen Erlebnis erwartet Sie dort oben ein phantastischer Rundblick über das Donauland – und anschließend natürlich eine tolle Abfahrt ...

*Wieder zurück auf der **rechten Donauseite**, geht es auf dem Dammweg weiter die Donau entlang. Erst kurz vor **Pöchlarn** an einem **kleinen Donauhafen** wird eine U-Schleife über eine Brücke gefahren, wo es dann wieder zurück zur Donau geht. Hinweis: Nach der Brücke den Damm hinauffahren.* *41 km (193 km)*

## Pöchlarn

Von der mittelalterlichen Vormachtstellung des schon im Nibelungenlied besungenen Ortes ist heute nichts mehr zu spüren. Kein Wunder, denn nach den Türken wüteten aufständische Bauern und schließlich der Dreißigjährige Krieg in Pöchlarn (9). Großbrände 1664 und 1776 gaben ihr den Rest und vernichteten zuerst die gotische und dann die barocke Stadt fast komplett. Die Bevölkerung war danach so arm, daß Maria Theresia für die Stadt sammeln ließ.

Pöchlarns bekanntester Sohn ist der Maler **Oskar Kokoschka** (1886–1980), in dessen Geburtshaus in der Regensburger Straße 29 eine ständige Ausstellung untergebracht ist. Einem Schüler Kokoschkas, dem **malenden Fährmann Franz Knapp**, kann man in seinem Atelier in der Rüdigerstraße 63 bei der Arbeit zuschauen. Im Welserturm zeigt das **Heimatmuseum** vor allem Römerfunde aus der Umgebung.

Von Pöchlarn bis Melk kann übrigens auch der Zug benutzt werden, das sind etwa 12 km.

*Der Radweg führt weiter auf dem **Treppelweg** an der Donau entlang bis zum **Kraftwerksgelände in Melk**, das wir umfahren müssen (zweimal Unterfahrung der Schnellbahnstrecke), um wieder zum Donauufer zurückzukommen. Der Radweg erreicht den vordersten Punkt einer Art **Halbinsel**, die in die Donau ragt, beim Gasthaus **»Fährhaus«** (10). Dort folgt ein scharfer Knick nach rechts zurück Richtung **Melk** (Betonplattenweg). Imposant thront das mächtige **Barockkloster** (15) über der Stadt. Eine einspurige Stahl-*

Viktualien in Melk

*brücke führt über einen Altwasserarm der Donau (gleichzeitig die einmündende Melk) hinweg an den Rand der* ***historischen Altstadt****. Wir fahren geradewegs gegenüber in die* ***Kremser Straße*** *(Zebrastreifen), die direkt zum* ***Hauptplatz*** *(11) führt. Hier biegen wir schräg nach links bergauf in die* ***Fußgängerzone*** *(Hauptstraße, Fahrräder schieben). Am Ende der Fußgängerzone fahren wir leicht schräg nach rechts unten in die* ***Abbé-Stadler-Gasse****.*

*Nach etwa 100 m zur Rechten die* ***Informationsstelle*** *(12) der Stadtverwaltung von Melk. Hier befinden sich* ***Schließfächer*** *(10-Schilling-Münzen) und ein* ***Fahrradschuppen****.*

## Melk

*53 km*

*(205 km)*

Am Fuße des 57 m hohen Felsens legten die Römer das **Uferkastell Namare** an. Nach ihnen kamen Slawen, Awaren und Bajuwaren und schließlich die Babenberger, die den hl. Koloman in **Melk** beisetzen ließen. Bis zu dem Babenberger Leopold III. ist die Gründung des Stiftes zurückzuverfolgen. Er rief 1089 Benediktiner nach **Melk** und schenkte ihnen umfangreiche Ländereien.

Überragt vom **Benediktinerstift** wirkt Melk selbst fast unscheinbar. Dabei hat das Städtchen einen geschlossenen **historischen Kern** mit der **spätgotischen Stadtpfarrkiche** (13) aus dem 15. Jahrhundert zu bieten. Machen Sie doch einfach einen Bummel: zum **Rathaus** (14) von 1575, zu den alten **Bürgerhäusern** in der Sturmgasse, in der das **Posthaus** von 1792 nicht zu übersehen ist.

MELK
Donau
Melk
Etappe/5 nach Krems
Etappe 4 von Ybbs
Uferpromenade
Camping-platz
Pionier-denkmal
Heirats-wald
Rollfährestraße
Kremser Str.
Nibelungenlände
Linzer Straße
Haupt-platz
Hauptstr.
Rathaus-platz
Rat-haus
Kirche
Stadtpark
Abt-Karl-Straße
Bahnhof
Babenbergerstraße
Abbe-Stadler-G.
Wiener Straße
Abbe-Dietmayr-Str.
J.-Prandtauer-St.
Benediktiner-Stift
Freilicht-theater
Bischöfliches Seminar
Friedhof
Kranken-haus
Spielberger Straße
Räcking
10
11
12
13
14
15
Radfernweg
Abstecher
Räderparkplatz mit Schließfächer

# Melk–Krems

## Und sie ist wirklich schön – die Wachau

Die Wachau lockt

Über 35 Flußkilometer ragen hier die Hänge beiderseits der Donau bis zu 500 Meter steil empor. Durch die tektonischen Anhebungen des Gebirges gezwungen, vertiefte sich der Strom und bildete verschiedene Flußbettniveaus aus. Auf diesen natürlichen Terrassen wurde schon in keltischer Zeit Wein angebaut. Der Rebensaft hat die Wachau berühmt gemacht, doch noch ein

Gewächs gedeiht hier vorzüglich: Aprikosen, oder auf gut österreichisch Marillen. Rund 160.000 Marillenbäume sollen es sein, sie verwandeln die Wachau von Ende März an in ein einziges Blütenmeer.

Die liebliche Landschaft, die kleinen, beschaulichen Winzerorte mit ihren engen Gassen und vor allem die Buschenschenken machen den Reiz dieser Etappe aus. Die Verführungen sind so mannigfaltig, daß Sie genügend Zeit einplanen sollten. Der Donau-Radweg entpuppt sich auf dieser Etappe als wahrlicher Guckkasten: die dicke Venus in Willendorf, Spitz mit seiner romanischen Kirche und dem Roten Tor, die Kirche St. Michael, Weißenkirchen, Dürnstein mit seiner Ruine, auf der angeblich Richard Löwenherz gefangen saß, und als Abschluß noch Stein Und Krems. Hier ist UND mehr als ein Füllwort, es verbindet mit seinem Kloster UND tatsächlich die beiden Stadtteile.

Von Krems aus schlagen wir Ihnen noch einen Ausflug mit Bahn und Rad ins romantische Kamptal vor.

## Kurzbeschreibung und Informationen

**Streckenlänge:** 36 km, optional: zusätzlich Stadtbesichtigung Krems und Stein 5 km, Stift Göttweig einfach 7 km (220 Höhenmeter) sowie Fußwanderungen in Spitz und Dürnstein.

**Wegbeschaffenheit:** Fahrbahn durchgehend asphaltiert.

**Verkehr:** Gefährlich ist die Ausfahrt aus Melk, sonst kleine Lokalsträßchen durch die Wachauorte und der Rest getrennte Rad- und Fußwege mit kurzen Engstellen auf Bürgersteigen. In der Wachau häufig gefahrvolle Querstraßen und unbeschrankte Bahnübergänge. Ortsbereich Krems mangelhaft ausgeschildert und daher verwirrend.

**Bahnverbindungen:** »Radltramper Wachau« hält bis Krems an jedem Bahnhof parallel zur Radroute.

**Schiffsangebot:** Linienschiffe legen an in Melk, Spitz, Weißenkirchen, Dürnstein und Krems. Service durch drei Anbieter zu unterschiedlichen Zeiten. Auskunft: Blue Danube Schiffahrt (DDSG), Wien, Tel. 02 22 oder 01/ 7 27 50-4 51, Fax -4 40;

Brandner Schiffahrt, Wallsee, Tel. 0 74 33/ 25 90-0, Fax -25; fährt nicht so oft: Donauschiffahrt Ardagger, Tel. 0 74 79/ 64 64-0, Fax -10.

**Sehenswürdigkeiten:** *Willendorf:* Venus-Fundort, *Spitz:* Ruine Hinterhaus, Schiffahrtsmuseum im Erlahof, Pfarrkirche, Rotes Tor, *St. Michael:* Kirche, Karner, Wösendorf: Barockkirche, *Weißenkirchen:* »Weiße« Kirche, Wachaumuseum, *Dürnstein:* Stift mit Kirche, Schloß, Ortskern, Burgruine, *Stein:* Hauptstraße und Donaulände, ehemalige Minoritenkirche, *Und:* Kloster UND mit dem Weinkolleg, *Krems:* Steiner Tor, Altstadt, Markt mit Rathaus und Gozzoburg, Piaristenkirche, Weinbaumuseum mit historischem Museum.

**Übernachtung:** Hotels in Emmersdorf (Abstecher 1 km), Spitz, Rossatz (Fähre 1 km), Dürnstein, Stein und Krems. Gasthäuser ab Aggsbach-Markt in nahezu allen Ortschaften der Wachau. – Privatzimmer: überall viele Vermieter. – Jugendherberge: Krems. – Camping: Emmersdorf, Rossatz, Krems.

**Gaststätten:** breites Spektrum in der Wachau, vom Gourmetrestaurant bis zu zahlreichen Buschenschenken.

**Bademöglichkeiten:** jeweils geheiztes Freibad in Spitz, Dürnstein und Krems, Donaubadestrand in Aggsbach-Markt und Weißenkirchen.

**Rad-Info am Donauweg:** Spitz, Tel. 0 27 13/ 23 63, Weißenkirchen, Tel. 0 27 15/ 26 00 (außer Sonntag), Dürnstein, Tel. 0 27 11/ 2 00, Krems, Tel. 0 27 32/ 8 26 76.

**Orts-Informationen:** *Emmersdorf a. d. Donau:* A-3644, Tel. 0 27 52/ 7 14 69, *Spitz:* A-3620, Tel. 0 27 13/ 23 62, *Weißenkirchen i. d. Wachau:* A-3610, Tel. 0 27 15/ 22 32, *Dürnstein:* A-3601, Tel. 0 27 11/ 2 19, *Krems a. d. Donau:* A-3500, Tel. 0 27 32/ 8 26 76.

*0 km*
*(205 km)*

*Zunächst werden Sie sicher erst* ***Stift Melk*** *besuchen wollen. Dazu fahren wir die* ***Abbé-Stadler-Gasse*** *bis zum Ende. Sie mündet in die* ***Jakob-Prandtauer-Straße****. Diese befahrene Straße fahren wir nach links bergauf, bis sie einen scharfen Knick macht. Hier folgen wir nicht nach rechts der Wiener Straße, sondern schieben* ***links bergauf*** *einen* ***gepflasterten Weg*** *in die* ***Abbé-Dietmayr-Straße****. Diese führt direkt zum Eingang des* ***Klosters****. Etwa 100 m vor dem Eingang befinden sich auf der linken Seite wieder* ***Radabstellplätze***

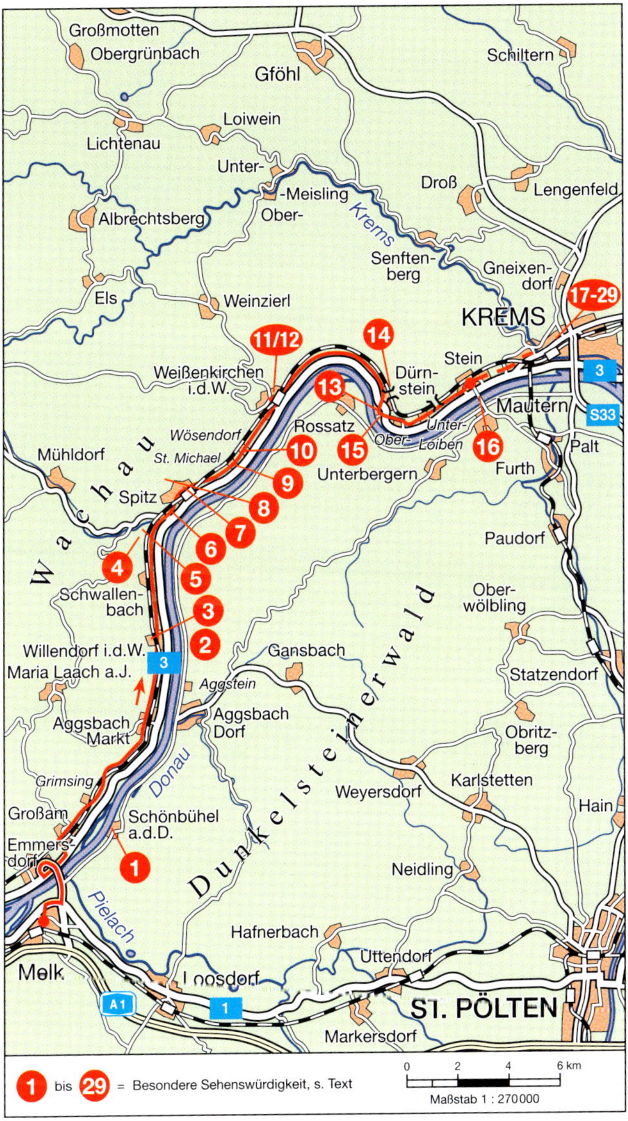
Großmotten
Obergrünbach
Gföhl
Schiltern
Loiwein
Lichtenau
Unter-
-Meisling
Ober-
Droß
Lengenfeld
Albrechtsberg
Krems
Senften-
berg
Gneixen-
dorf
Els
Weinzierl
KREMS
17-29
11/12
14
Stein
Weißenkirchen
i.d.W.
Dürn-
stein
13
Mautern
3
S33
Rossatz
Unter-
Ober-
Loiben
Wösendorf
10
15
16
Palt
Mühldorf
St. Michael
Furth
9
Unterbergern
Spitz
8
7
Paudorf
Wachau
6
4
5
Ober-
wölbling
Schwallen-
bach
3
2
Willendorf i.d.W.
Gansbach
Maria Laach a.J.
Statzendorf
Aggstein
Aggsbach
Markt
Aggsbach
Dorf
Obritz-
berg
Dunkelsteinerwald
Grimsing
Donau
Weyersdorf
Karlstetten
Großam
Schönbühel
a.d.D.
Hain
Emmers-
dorf
1
Neidling
Pielach
Hafnerbach
Melk
Uttendorf
Loosdorf
A1
1
ST. PÖLTEN
Markersdorf
1 bis 29 = Besondere Sehenswürdigkeit, s. Text
0 2 4 6 km
Maßstab 1 : 270000

*und **Schließfächer**. Hier ist Ende 1997 ein richtiger Radlparkplatz angelegt worden.*

Drehscheibe des Glaubens - Stift Melk

Prächtiger Eingang zum Stift

Tip

## Das Stift Melk

Als eigentlicher Schöpfer des Stiftes in seiner barocken Pracht gilt der Tiroler Baumeister Jakob Prandtauer. 1700 kam er auf Geheiß des Abtes Berthold Dietmayr nach Melk und begann mit einem der herrlichsten Barockbauten Europas. Nach seinem Tod vollendete sein Schüler und späterer Schwiegersohn Joseph Munggenast das Werk.

240 m mißt allein die Südfassade, die das Städtchen Melk überragt. Von der Altane, die Marmorsaal und Bibliothek miteinander verbindet, hat man einen herrlichen Blick über das Donautal. In den reich verzierten Regalen der Bibliothek stehen 85.000 kostbare, goldbedruckte Bücher. Geschichte und Bedeutung des Stiftes werden im Museum im Kaisertrakt dokumentiert. Einen umfassenden Einblick erhält man bei einem geführten Rundgang, bei dem auch viele Zusammenhänge erklärt werden, zum Beispiel die Klosterreformen, die von Melk im 15. Jahrhundert ausgingen.

Glanzvolle barocke Harmonie

Die Ausfahrt aus Melk gehört zu den unangenehmsten Abschnitten der gesamten Strecke, weil wir hier zum Teil an verkehrsreichen Straßen, wie der **großen Brücke** in **Melk**, entlang müssen. Also Vorsicht!

Vom Radparkplatz aus begeben wir uns die **Abbé-Dietmayr-Straße** wieder hinunter und in die Wiener Straße nach links leicht bergauf – am besten linken Bürgersteig benützen. Nach etwa 600 m gabelt nach links die **Spielbergstraße** ab.

Nach 500 m unterqueren wir erst eine **Schnellstraßenbrücke** und 100 m weiter biegen wir nach links in die **Bundesstraße 1** ein und bleiben am rechten Rand dieser gefährlichen Schnellstraße. Nach 500 m nehmen wir die erste Abzweigung nach rechts und fahren zur **Donaubrücke**, die durch ihre Bauhöhe einen weiten Blick über den breiten Strom gewährt.

Auf der anderen Donauseite macht dann die Bundesstraße eine Kehre und mündet T-förmig in die Donauuferstraße des Nordufers. Wir queren sie vorsichtig und biegen in den **Radweg** auf der anderen Seite nach links **Richtung Krems** ein.

Der Weg führt nach **Schallemmersdorf**, und dort auf Höhe einer Tankstelle muß die Seite gewechselt werden. Wir fahren also ab jetzt auf der linken Seite der Bundesstraße auf **getrenntem Rad- und Fußweg**. **Schloß Schönbühel** (1) steht prächtig auf der anderen Donauseite auf einem 40 m hohen Felsen über der Donau. Das Schloß wurde Anfang des 19. Jahrhunderts erneuert, es ist im Privatbesitz und kann leider nicht besichtigt werden.

In den nächsten Orten **Grimsing** und **Aggsbach Markt** verläßt der Radweg die Bundesstraße, geht durch die Orte hindurch und führt jeweils als kleines Sträßchen weiter. Achtung: Vorfahrt beachten an den querenden Straßen!

Anschließend folgt nur ein **linksseitiger, relativ schmaler Bürgersteig**. Derartige Engstellen werden wir in der **Wachau** noch öfter finden. Also Vorsicht bei Gegenverkehr mit Radlern oder Fußgängern! Und gegenüber sehen wir wieder eine **Burgruine, den Aggstein** (2).

## Tip Eine schaurige Geschichte ...

rankt sich um die mittelalterlichen Burg Aggstein! Hier hauste um 1430 der Raubritter Georg von Scheck, der Schiffe plünderte, indem er Seile über die Donau spannte und Raubzoll verlangte. Man nannte ihn den »Schreckenwalder«, weil er angeblich seine Gefangenen zwang, vom schönsten Platz in seiner Burg, dem »Rosengärtlein« 300 m tief in die Donau zu springen.

*Wir passieren **Groisbach** und kommen nach **Willendorf**. Der Ort ist bekannt für seine **»Venus«**, der ein kleines **Museum** (3) im Ortszentrum gewidmet ist. Man muß nur dem Schild **»Fundstelle der Venus«** folgen und kommt so von alleine zum nächsten Haus zur Linken, dem **Steinzeitmuseum**. Öffnungszeiten: Anf. Mai–Mitte Oktober jeweils Samstag 14–15.30, sonn und feiertags 10–11.30 Uhr und 14–15.30 Uhr, Gruppen nach Voranmeldung, Tel.: 0 27 12/ 3 28 (Eintritt frei, Spenden erbeten).* *13 km (218 km)*

Weiter hinauf geht es unmittelbar nach der Eisenbahnunterführung rechts zur **Fundstelle im Sandstein**. Hier gibt es eigentlich recht wenig zu sehen, doch vielleicht können Sie ja durch ihre Gedanken das Leben der Menschen an der Donau vor Jahrtausenden lebendig werden lassen. Außerdem hat man einen wunderschönen Blick über das Donautal – und ein Heurigenlokal befindet sich auch noch daneben.

## Willendorf

Beim Bau der Eisenbahnlinie fand man in dem kleinen Ort die berühmte Venus von Willendorf. Das im Original 11 cm große steinzeitliche Figürchen einer nackten, drallen Frau aus Kalkstein wird im Naturhistorischen Museum in Wien aufbewahrt. An der Fundstelle blickt statt dessen eine Vergrößerung der Venusfigur ins Tal und erinnert an

»Steinzeitidol«

die Zeit, als unsere Vorfahren die fruchtbare »Mutter Erde« verehrt haben und das weibliche Schönheitsideal noch etwas üppiger war als heute.

*Unsere Radroute setzt sich weiter auf kleinen Sträßchen durchs Hinterland fort.*

## Tip Smaragde auf Urgestein – die Weine der Wachau

Geologisch gesehen besteht die Wachau aus Gneisen, Granit und Schiefer. »Urgestein« nennt der Volksmund den Boden, auf dem die Humusschicht an manchen Stellen nur 20 bis 30 cm auf dem Fels aufliegt. Ein Wunder, daß die Rebstöcke dort überhaupt in der Lage sind, Wein hervorzubringen, noch dazu in dieser Qualität.

Die Wachau hat sich in den letzten Jahren unbestritten zum österreichischen Weinbaugebiet Nummer eins profiliert. Maßgeblich zum Erfolg der Orte zwischen Melk und Krems beigetragen hat ein 1994 gegründeter Schutzverband. In der »Vinea Wachau Nobilis Districtus« verpflichten sich die Mitglieder, ausschließlich Wachauer Weine zu führen.

Zwei Rebsorten prägen die Wachauer Weinkultur, die sich durch hervorragende Weißweine auszeichnet: der Riesling, auch Rheinriesling genannt, und der Grüne Veltliner. Die wohl wichtigste Tat der »Vinea Wachau« war die Schöpfung von drei der Wachau eigenen Weinkategorien: Steinfeder, Federspiel und Smaragd. Der Weinliebhaber kann sicher sein, daß die klassifizierten Weine nicht aufgebessert, also nicht mit Zucker zwecks Alkoholerhöhung angereichert sind.

Steinfeder ist der leichte Wein für alle Tage mit einem Alkoholgehalt von maximal 10,7 %. Er wurde nach dem zarten Gras (stipa pennata) benannt. Mit dem Federspiel wurde bei der Falkenjagd der Beizvogel auf den Handschuh des Falkners zurückgelockt. Rasse und Eleganz des Weines sollten in dieser Bezeichnung ihren Ausdruck finden. Sein Alkoholgehalt ist auf 12 % begrenzt. Smaragd heißt der edelste Wein der Wachau mit 12 % Alkohol und mehr. Er wächst auf steilen Steinterrassen über der Donau, wo sich an schönen Tagen Smaragdeidechsen neben den Rebstöcken sonnen.

*Der Ort Schwallenbach wird durchfahren, und dann* 18 km
*kommt Spitz.* (223 km)

Links oberhalb steht die Ruine Hinterhaus (4), die sich für einen kleinen Ausflug zu Fuß für Familien mit Kindern eignen würde.

*In Spitz eine gefährliche Querung einer Landstraße, die den Berg hinaufführt.*

Von der Entwicklung der Schiffahrt, den Gefahren und Abenteuern der Schiffszüge auf der Donau erzählt das Schifffahrtsmuseum (5) im Erlahof am Ortsanfang; geöffnet vom 1. April bis 1. Nov. täglich von 10 bis 12 und 14 bis 16 Uhr, sonn-, und feiertags bis 17 Uhr; Eintritt: Erw. 40 öS, Tel. 0 27 13/ 22 46/26 47.

*Etwa 200 m danach zur Rechten eine* ***Rad-Informationsstelle*** *(6) (Öffnungszeiten: ab Ostern Mo.–Sa. 11–12 u. 15–20, sonn- und feiert. 15–19 Uhr).*

*Nach etwa 300 m am Vorfahrt-Achten-Schild links halten und nach der Unterquerung der Eisenbahnlinie sofort anschließend nach rechts. An dieser Stelle bergauf führt die Gasse geradeaus weiter direkt in das kleine* ***Ortszentrum****, wo* *auch eine **sehenswerte Kirche** (7) und sehr gut mundende Kaffeekleinigkeiten (Bäckerei direkt bei der Kirche) auf uns Radler warten.*

Spitz über der Donau

## Spitz

Der Hauptort der Wachau liegt am Fuß des **Tausendeimerberges**. Der Name kommt von der Menge des Weines, die dort gelesen wird, in guten Jahren sind es nämlich 1.000 Eimer, das sind 56.000 Liter. Unterhalb des Hausberges der Spitzer steht die stattliche **Ruine Hinterhaus**, deren Vorhof, Bergfried und Zwinger noch heute gut erhalten sind. Um das alte Gemäuer rankt sich die Sage einer nächtens hier ihr Unwesen treibenden »Weißen Frau«, die auf eine unglückliche, von ihrem Ehemann betrogene und daher heute noch greinende Kuenringer Gattin zurückgehen soll. Spitz sollte man auf keinen Fall links liegen lassen, auch wenn der Weg zum **Kirchplatz** etwas ansteigt. Das alte Schloß mit seinen schönen Portalen erzählt von der Bedeutung des Ortes in der Renaissance. Den Kirchplatz mit einem Ensemble **spätgotischer Bürgerhäuser** und den ganzen Ort überragt die **Pfarrkirche St. Mauritius**. Neben den **sehenswerten zwölf gotischen Aposteln** auf der Orgelbrüstung hat sie noch eine Besonderheit zu bieten: Ihr Chorraum ist um 20 Grad geknickt.

Links an der Kirche vorbei führt ein Weg zu einigen verträumten Heurigenlokalen und weiter die Weinberge hinauf zum **Roten Tor** (8), das aus den Schwedenkriegen stammt. Der traumhafte Blick über Spitz, die Donau und die **Wachauer Weinberge** entschädigt allemal für den etwa 20minütigen Aufstieg zu Fuß. Die Stelle eignet sich hervorragend für ein Erinnerungsfoto aus der Wachau.

*Die Radroute führt jetzt erst weiter links der Bahn, und auf Höhe des Bahnhofs lohnt ein Rückblick auf den Weinort Spitz.*

Etwa 1 km weiter (500 m nach dem Bahnhof und ausgeschildert) vor einer Bachquerung bietet sich nach rechts unten eine Freibademöglichkeit.

*Kurz nach der Ausfahrt aus Spitz führt das Sträßchen wieder zurück zur Bundesstraße. Achtung: vor der Einmündung gefährlicher, unbeschrankter Bahnübergang!*

*Ein Rad- und Fußweg verläuft jetzt wieder parallel zur Bundesstraße – leider mit einigen gefährlichen Engstellen.*

Wir erreichen schnell den nächsten Ort, **St. Michael** (9). In die **spätgotische Kirche** mit **barockem** Innenraum kann man leider nur durch ein Gitter spitzen. Wenn Ihnen der monumentale Altar mit riesigen Heiligenfiguren etwas überdimensioniert erscheint, so ist das kein Wunder, denn ursprünglich war er für die Pfarrkirche von Stein gedacht. Auf dem Dach der Kirche sitzen **sieben sagenhafte Hasen**, deren Sinn und Zweck nicht ganz eindeutig ist. Vermutlich stellen sie die »wilde Jagd« dar, einen Abwehrzauber gegen böse Geister. Neben der Kirche steht ein **gotischer Karner**, ein Beinhaus, in dem die Überreste von 11.000 Toten ruhen. In einer Glasvitrine darin sind Reste von Mumien ausgestellt, die im Donausand konserviert wurden. Besteigt man den Turm, dann ergibt sich ein beeindruckender Ausblick auf die vorbeiströmende Donau.

**Tip**

## Ausg'steckt is'

Spätestens seit den Filmen mit Hans Moser ist der »Heurige« auch in Deutschland ein Begriff. Dahinter verstecken sich gleich zwei Bedeutungen: Der Heurige ist der Wein des aktuellen Jahrgangs, der ab dem 11. November bis zum 31. Dezember des folgenden Jahres ausgeschenkt werden darf. Als Heuriger wird aber auch das Lokal bezeichnet, in dem der Weinhauer, wie der Winzer in Österreich genannt wird, seine eigenen Produkte ausschenken darf, allerdings nur eine begrenzte Zeit im Jahr. Richtlinien für Weinschenken stellte übrigens schon Karl der Große um 795 auf. Ob der Brauch des Aussteckens aus dieser Zeit stammt, ist nicht überliefert. Aber auch heute noch ist der grüne Zweig, der Buschen, das Zeichen für die geöffnete Weinschenke: Ausg'steckt is'.

*Kurz nach der Kirche kommt ein Stoppschild: Wir len-*
*22 km* *ken nach links, leicht bergauf. Bis zum nächsten Ort,*
*(227 km)* ***Wösendorf**, fahren wir flach durch die Weinberge. Ein schmuckes Winzerdorf mit sehenswerter **barocker Pfarrkirche** (10) stellt sich vor. Die farbigen Deckenfresken von A. Mayer, einem Schüler von Johann Martin Schmidt, des »Kremser Schmidt«, stellen das Leben des hl. Florian dar.*

*Nach der Kirche geht es in Wösendorf rechts bergab, bis die Gasse endet, und dort wieder links. Kurz danach kommt schon der **Weinort Joching**.*

Portal eines Winzerhofes in Wösendorf

*Der nächste Ort, der erreicht wird, mit der weithin sichtbaren, hochgelegenen Kirche, ist* ***Weißenkirchen****. Vorsicht am Stoppschild am Ortseingang. Im Ort gabelt sich die Straße direkt vor einem Häuserblock, hier fahren wir links leicht bergauf, queren mitten im Ort die* ***Eisenbahn*** *und halten anschließend rechts auf einen turmartigen Bau zu. Dort links und gleich wieder rechts, ausgeschildert* ***Richtung Krems****. Die hochgelegene Kirche liegt jetzt links oberhalb, und dieser Ortsteil zwingt direkt zu einem Abstecher.* *27 km (232 km)*

Das malerische **Weißenkirchen** bildet mit seinen Eingemeindungen **Joching**, **Wösendorf** und **St. Michael** die größte Weinbaugemeinde der Wachau. Die aus dem 14. Jahrhundert stammende **»weiße« Kirche** (11) gab dem Ort seinen Namen, sie wurde übrigens wegen der türkischen Eroberungsfeldzüge derart wehrhaft ausgebaut. Über eine verwinkelte Treppe mit 76 Stufen erreicht man das Portal der Kirche.

Zu besichtigen ist im Ort, neben zahlreichen Heurigen, das **Wachaumuseum** (12) im Teisenhoferhof mit einem der

Blick auf Dürnstein

schönsten **Renaissancehöfe** der Wachau. Im Obergeschoß ist die **»Erste Niederösterreichische Weinakademie«** untergebracht, die Weinseminare veranstaltet. Im Erdgeschoß finden Sie das **Weingartenmuseum** mit alten Winzergeräten.

*Auf der dominierenden Straße radeln wir aus dem Ort hinaus und zurück zur Bundesstraße (Bahnübergang). Nach etwa 1 km führt der Radweg von der Bundesstraße weg ins* ***Hinterland*** *an den Fuß der Weinberge. Für die Einfahrt nach* ***Dürnstein*** *müssen wir wieder auf dem teils sehr* ***engen Bürgersteig*** *fahren.*

Von weitem schon ist sie zu erkennen, die Ruine oberhalb von Dürnstein – ein lohnendes Ziel für einen kurzen Abstecher zu Fuß.

Nicht umsonst ist **Dürnstein** der beliebteste Ort in der Wachau – offenbar scheinen auch alle Busunternehmen zu wissen, wie malerisch der Ort ist, sie kommen jedoch hauptsächlich an den Wochenenden. Das Blau des Kirchturms des **ehemaligen Augustiner-Chorherrenstifts** leuchtet schon von weitem. Die recht grelle Farbe hat nach der Renovierung vor einigen Jahren für sehr viel Unmut gesorgt. Inzwischen ist das Blau etwas verblaßt und wirkt nicht mehr gar so schrill. Das Stift mit seiner Kirche ist schon wegen der Aussicht auf die Donau einen Besuch wert. Zur Anziehungskraft von Dürnstein tragen sicherlich auch die schönen **Bürgerhäuser** in der Fußgängerzone, das **Renaissanceschloß**, das heute als Hotel fungiert, und die **Burgruine** hoch über der Donau bei.

*Schon am Ortsrand Dürnstein verlassen wir die Bundesstraße und fahren nach links in den Ort hinauf. Spätestens oben vom Hotel **Schloß Dürnstein** an sollten wir* 31 km
*die Räder nur noch schieben (Fußgänger). – Etwa auf hal-* (236 km)
*ber Höhe der später leicht abfallenden Gasse sollten Sie zur Linken die Bäckerei Schmidl beachten, hier stammen die berühmten **Wachauer »Laberln«** her.*

## Tip Wachauer Laberl

Sogar bis nach Japan sollen sie exportiert werden – die Brötchen, Semmeln oder, wie sie in der Wachau heißen, »Laberln«. Erfunden hat sie der Bäcker Franz Schmidl in den 30er Jahren in Dürnstein. Sein Enkel bäckt sie heute noch nach dem gleichen Rezept – sie passen übrigens wunderbar zum Grünen Veltliner.

Wachauer Laberl

An dieser Stelle biegen wir nach rechts, fahren bergab und finden wiederum rechts vor dem **Hotel Richard Löwenherz** den radlparkfähigen Eingang zum Stift (13).

Die **Hauptgasse** durch Dürnstein endet am Schluß mit der Ausfahrt durch einen **Torbogen**. Etwa 20 m vorher geht es nach links zur **Ruine Dürnstein** (14) ab.

## Tip Die Burg(ruine) Dürnstein

... hat sogar internationale Geschichte gemacht. 1292/93 wurde Richard I. von England, besser bekannt als Richard Löwenherz, nachweislich auf der Kuenringerburg gefangengehalten und erst gegen Zahlung eines hohen Lösegeldes freigelassen. – Nicht verbürgt ist die Geschichte seines treuen Sängers Blondel; auf der Suche nach seinem König zog er in Österreich von Burg zu Burg und sang die 1. Strophe eines Liedes. Als er vor der Burg Dürnstein war, erklang als Antwort die zweite Strophe: Das Versteck König Richards war entdeckt.

Durch die **Torausfahrt** führt der Weg hinaus aus **Dürnstein**, bis zur Kreuzung mit der Bundesstraße, die vorsichtig überquert werden muß. Gegenüber geht es quasi gleich wieder in den Vorort von Dürnstein hinein. Zur Rechten wartet wieder eine **Rad-Informationsstelle** (15) auf Ihre Zimmerreservierung.

Der Weg leitet wieder in die **Weinberge**, an **Oberloiben** und **Unterloiben** vorbei. Am Ortsende ist bei guter Sicht auf der anderen Seite der Donau schon **Stift Göttweig** zu erblicken. Die Straße führt dann zur Bundesstraße zurück, und die Route wird als gesonderter Radweg in **Richtung Krems** weitergeführt.

Stift Dürnstein: Ausblick in die himmlische Wachau

## Tip Süßes Früchtchen: die Wachauer Marille

Sagen Sie nicht Aprikose, wenn Sie in Österreich ein Produkt aus Marillen bestellen, sonst könnte es Ihnen so ergehen wie Richard Löwenherz. Einer nicht verbrieften Legende zufolge soll der englische Kreuzritter einst Aprikosenknödel verlangt haben, worauf man ihn sofort in der Burg zu Dürnstein einkerkerte.

Der Begriff »Wachauer Marille« ist inzwischen sogar EU-weit als Markenartikel geschützt. Millionen und Abermillionen von Blüten versehen die Landschaft an der Donau im Frühling mit einem märchenhaften weißen Schleier. Die Angst vor Frost begleitet jedoch nicht nur den Werdegang des Weins, sondern auch den der Marille. Um sie vor späten Nachtfrösten zu schützen, wurde früher in Fässern Öl verbrannt, dessen Ruß sich schützend auf die Blüte legt. Heute benutzt man ein umweltfreundlicheres Mittel: Die Blüten werden beregnet, das Wasser friert und bildet einen Mantel, der sich unter der Sonne nur langsam auflöst.

Was kann man nicht alles aus Marillen herstellen! Beim Marillenkirtag in Spitz, der immer am letzten Juliwochenende stattfindet, können Sie all diese Köstlichkeiten in vollen Zügen genießen: Marillenknödel, Marillenpalatschinken, Marillenkuchen, Marillenschaumwein, Marillenlikör, Marillenbrand und und und …

*Am Anfang von Krems im Ortsteil Förthof führt der Radweg wieder von der Bundesstraße weg in den Ort hinein. Auf Höhe der* ***stählernen Donaubrücke*** *(16) beginnt zur Linken der Straße ein Radweg, der hineinführt nach* ***Stein****, dem nächsten Stadtteil von Krems.*

*Zum späteren Wechsel auf die* ***südliche Donauseite*** *müß-*
*36 km* *ten wir an dieser Stelle auf den Bürgersteig der Auffahrts-*
*(241 km)* *rampe zur* ***Brücke nach Mautern*** *hinauf.*

## Krems Und Stein

## Sightseeing per Velo

Steiner Tor zu Krems

Obwohl **Krems** und **Stein** seit 1938 eine Stadt sind, haben sich doch gewisse Rivalitäten gehalten. Die beiden seit dem 12. Jahrhundert landesfürstlichen Städte waren zwar wirtschaftlich eng verbunden, besaßen aber jeweils einen eigenen Burgfrieden, eigene Wehr- und Steuerhoheit und unterschiedliche Privilegien. Zahlreiche Klöster erwarben in und um Krems und Stein Weinberge. Trotz großer Zerstörungen beim Aufstand der Kuenringer gegen Herzog Friedrich II. im Jahre 1230 und dem Einfall der Schweden im Dreißigjährigen Krieg können wir heute eine Fülle von sehenswerten Gebäuden, Plätzen und Winkeln bewundern und vor allem zwei **komplette Stadtbilder**. In der Steiner Landstraße steht knapp hinter dem *Linzer Tor* (17) das Haus des **»Kremser Schmidt«**. Martin Johann Schmidts Werke haben Sie sicherlich unterwegs in vielen Kirchen schon des öfteren bewundert. Er lebte von 1718 bis 1801 und malte vor allem religiöse Andachtsbilder. Insgesamt hat er 1.100 Werke in ganz Niederösterreich geschaffen. Im **Mazettihaus** am Schurerplatz (18) wohnte übrigens der **Ritter Ludwig von Köchel**, der mit dem Köchelverzeichnis der Werke Mozarts in die Musikgeschichte eingegangen ist. Kurz vor dem *Kremser Tor (19)* liegt links der *Minoritenplatz* (20) mit dem **ehemaligen Kloster**. In der **früheren Minoritenkirche** werden heute Kunstausstellungen veranstaltet.

In **Stein** endet der Radweg auf der linken Seite, und wir fahren sofort nach links, von der Hauptstraße ab, in die parallel führende, innerstädtische Straße von Stein. Die Straße ist von dem Tor an in dieser Richtung gesperrt, Radfahrer dürfen jedoch weiterfahren. Der Weg führt weiter in die Stadt hinein, und erst nach dem Stadttor am anderen Ende von Stein beginnt der Ortsteil Krems. Unmittelbar danach folgt ein Stoppschild (gegenüber eine Tankstelle). Hier zur Linken steht übrigens die Kunsthalle Krems. Wir fahren geradeaus weiter (zur Linken Zebrastreifen). Nach etwa 300 m zur Linken das Kloster UND (21), das zwischen Krems und Stein liegt.

## Ein UND verbindet ...

... die Doppelstadt Krems-Stein, und damit ist nicht nur das Bindewort gemeint. UND existiert hier wirklich als Stadtteil mit der UNDstraße und dem Kloster UND, in dem heute eine Informationsstelle und ein Weinkolleg untergebracht sind. Im historischen Klosterkeller kann man dort für 140 öS eine Weinreise zu mehr als 80 verschiedenen österreichischen Weinen antreten, täglich von 13 bis 19 Uhr.

Über viele Vorfahrtstraßen – vorsichtig! – hinweg, fahren wir nach dem Passieren des Klosters UND immer geradeaus weiter.

Wir kommen dann an eine **Parkanlage** mit hohen Bäumen, biegen an dieser Stelle nach links ein, umfahren die Parkanlage im Uhrzeigersinn und fahren geradeaus direkt auf das Stadttor der Stadt Krems mit der barocken Uhr-Haube zu. Nach dem mittelalterlichen **Steiner Tor** (22) beginnt das eigentliche **Krems**, das zu einem Bummel durch seine beschaulichen Gassen geradezu einlädt und jede Menge Sehenswürdigkeiten bietet. Wir schieben die Räder in die *Fußgängerzone* und biegen gleich anschließend links in die *Schmiedgasse*. An schönen **Hausfassaden** vorbei passieren

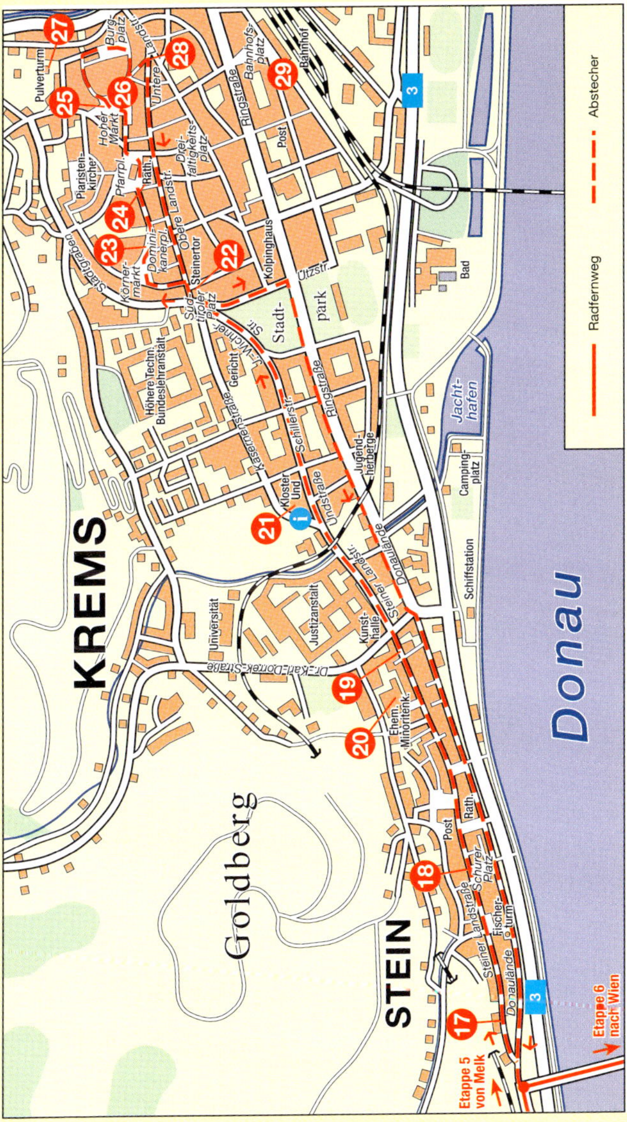
KREMS
STEIN
Donau
Goldberg
Stadt-
park
Radfernweg
Abstecher
Etappe 5 von Melk
Etappe 6 nach Wien
17
18
19
20
21
22
23
24
25
26
27
28
29
Pulverturm
Burg-
platz
Hoher
Markt
Piaristen-
kirche
Pfarrpl.
Rath.
Untere Landstr.
Obere Landstr.
Drei-
faltigkeits-
platz
Ringstraße
Bahnhofs-
platz
Bahnhof
Post
Kolpinghaus
Utzstr.
Domini-
kanerpl.
Körner-
markt
Steinertor
Süd-
tiroler
Platz
Stadtgraben
J.-Wichner-Str.
Gericht
Höhere Techn.
Bundeslehranstalt
Kasernenstraße
Schillerstr.
Jugend-
herberge
Kloster
Und
Undstraße
Steiner Landstr.
Donaulände
Universität
Justizanstalt
Kunst-
halle
Dr.-Karl-Dorrek-Straße
Ehem.
Minoritenk.
Rath.
Post
Schürer
Platz
Fischer-
turm
Steiner Landstraße
Donaulände
Schiffstation
Camping-
platz
Jacht-
hafen
Bad
3

wir **Körnermarkt** und **Dominikanerplatz** (23) mit **Dominikanerkirche** sowie **Historischem Museum** mit **angegliedertem Weinbaumuseum**. Durch die *Schlüsselgasse* stoßen wir auf den **Platz** rund um die **Pfarrkirche**. Bemerkenswert ist dort das **Rathaus** (24) mit Renaissanceelementen. Die *Margarethenstraße* führt uns am **Sgraffitohaus** vorbei zum **Hohen Markt** (25), in dessen Mitte der **Herkulesbrunnen** von 1682 zu bewundern ist.

Krems läßt die Augen schweifen...

Daneben fällt an der Südseite des Marktes das **Stadtpalais** des Kremser Stadtrichters aus dem 13. Jahrhundert auf: die **Gozzoburg** (26). Durch die *Wachtertorgasse* kommen wir zum **Pulverturm** (27), vor ihm steht in einer Grünanlage ein Torso: das **»Mandl ohne Kopf«**. Der Sage nach ist es ein schwedischer Offizier. Während der Besatzung zur Zeit des Dreißigjährigen Kriegs soll er angeblich in frevlerischer Absicht auf ein Marienbild geschossen haben: Prompt wurde er versteinert.

Wir kehren zurück zur *Fußgängerzone* (wieder schieben) und passieren gleich zu Anfang das **Haus der Vier Jahreszeiten** (28) und den Simandlbrunnen (Simandl = Pantoffelheld). Die schönen Häuser und Geschäfte der Fußgängerzone führen zurück zum **Steiner Tor**. Danach halten wir uns links und fahren über *Ringstraße* und *Donaulände* zurück zur *Brücke nach Mautern*.

## Tip Stift Göttweig

Schon von weitem lockt auf der südlichen Donauseite das **Benediktinerstift Göttweig**, und es liegt weit oben: Das »österreichische Montecassino« wurde 1083 vom Bischof Altmann von Passau gegründet und 1094 den Benediktinern übergeben. Von den mittelalterlichen Bauwerken sind Reste vorhanden. Das barocke Stiftsgebäude wurde nach Plänen des Architekten Johann Lukas von Hildebrandt erbaut, nachdem das alte Kloster durch einen Brand im Jahre 1718 zerstört worden war. Es sollte eine riesige Anlage werden, die den ganzen Berg zu Verteidigungszwecken einbezog, die Fertigstellung in diesem Umfang scheiterte jedoch an den österreichischen Erbfolgekriegen. Nur zu zwei Dritteln fertiggestellt, wirkt das Stift schon imposant genug; von seiner Aussichtsterrasse hat man einen herrlichen Panoramablick in die Wachau.

Da **Göttweig** zur Qual des Radlers – es sei denn, Sie gehören zur beneidenswerten Spezies der Bergflöhe – oben am Berg liegt, bietet sich eine praktische Aufstiegshilfe an. Von Montag bis Freitag 13.45, samstags 13.25, sonn- und feiertags um 13 Uhr startet am Bahnhof (29) in Krems ein Linienbus. Etwa 10 Minuten später passiert er Mautern, und im Einzelfall werden bis zu 4 Räder unten im Bus verstaut (Gruppen unbedingt vorher anmelden, Tel. 0 27 32/ 8 25 36-3 90).

*Nach der Besichtigung des Stifts können Sie die Abfahrt bis zur Donau genießen. Sie rollen die **einzige Zufahrt** zum Kloster Richtung Tal und steuern noch vor der Einmündung in die Schnellstraße in die **kleinere Straße** links bergab **nach Furth**. Nach 2 km biegen Sie kurz nach dem Bahnübergang noch **vor dem Fladnitzbach** rechts ein und bleiben jetzt immer **rechts der Fladnitz**, bis ans Donauufer. Noch kurz vor der Autobahnbrücke über die Donau sind Sie wieder auf der **normalen Radroute**.*

# Abstecher ins Kamptal:

## Bahn und Wandern zur Rosenburg, mit dem Radl zurück

Einen gemütlichen Tagesausflug verspricht der Extra-Abstecher in das malerische Kamptal. Man kann von Krems mit der Bahn bis Rosenburg fahren, dort wartet die gleichnamige mächtige Burg auf hohem Fels, »erstürmt« zu werden. Erst danach steigen wir wieder auf die Räder, um Gars und Langenlois und all die anderen kleinen Talorte zu besuchen. Der besondere Reiz dieses Ausfluges: Die gesamte Strecke durch das Tal läßt sich

### Kurzbeschreibung und Informationen

**Streckenlänge:** 41 km, Abstecher Langenlois und Gars 3 km, Fußwanderung etwa 2mal 20 Minuten.

**Wegbeschaffenheit:** nicht durchgehend asphaltiert.

**Verkehr:** In einigen Abschnitten wird entlang der Landstraße gefahren, meistens läuft die Route jedoch auf kleinen Sträßchen auf der stilleren Seite des Flusses.

**Bahnverbindungen:** Von Rosenburg bis Gobelsburg alle 2 bis 3 km Haltestelle, Krems.

**Sehenswürdigkeiten:** *Rosenburg, Gars:* historischer Ortskern und verschiedene Museen, *Langenlois:* Ursinhaus, *Gobelsburg:* Schloßmuseum.

**Übernachtung:** Unterkünfte aller Kategorien in Gars und Langenlois, weitere in Rosenburg und anderen kleineren Orten. – Privatzimmer: deutlich weniger als an der Donau.

**Gaststätten:** In fast allen Orten und zusätzlich unterwegs Jausenstationen und Buschenschenken.

**Bademöglichkeiten:** Freibad in Gars, Schönberg und Langenlois und viele Stellen im Kamp.

**Informationen:** *Gars am Kamp:* A-3571, Tel. 0 29 85/ 26 80, *Langenlois:* A-3550, Tel. 0 27 34/ 20 00-0.

Hoch über dem Kamp: die Rosenburg

bequem und gemütlich vom Zugfenster aus genießen – die gleiche Strecke, die man hinterher in anderer Richtung mit dem Rad wieder zurück ins Donautal rollen kann.

Unten im Kamptal warten die Weingärten, etwas höher ruhen die Lehmschichten, später trutzen leicht überhängende, felsige Steilwände. Immer stärker breitet sich der Wald aus, bis der Einschnitt im tiefen Forst zu versinken scheint. Der Kamp ergießt und schlängelt sich ganz lieblich durch das oft sehr enge Tal.

In **Krems** steigen wir in den Zug, Richtung **Hadersdorf** bzw. **Sigmundsherberg**, der uns über Hadersdorf (manchmal umsteigen) durchs Kamptal bis Rosenburg bringt.

Der gemütliche Bummelzug durchs Kamptal startet täglich im Zweistundentakt und werktags mit Einschränkungen zusätzlich stündlich. Die beschriebene Zugfahrt kostet pro Person 34 öS, die Radtageskarte 30 öS. Genaue Auskünfte und Gruppenreservierungen: Tel. ÖBB Krems 0 27 32/ 82 53 60, ÖBB Horn 0 29 82/ 23 14.

*Am **Bahnhof Rosenburg** (1) verläßt man das Bahnhofsgelände zur vorbeiführenden Bundesstraße hin und geht oder fährt auf dieser nach links. Kurz nach der Überquerung des **Taffa-Baches** und noch vor dem Bahnübergang zweigt nach rechts ein Weg bergab. Nach 30 m führt eine kleine Brücke über den **Fluß Kamp** hinweg zum Steilhang am **Waldrand**. Der **Wanderweg** zieht sich nach rechts steil zur **Rosenburg** (2) hinauf. Hinweisschilder zur Burg sind leider häufig schon sehr verwittert.*

Im »Landgasthof Mann« erklärt man sich eventuell bereit, die Räder oder zumindest Taschen mit Habseligkeiten einstellen zu lassen, damit man zur Burgwanderung nichts Unnützes mitschleppen muß. Ansonsten ist Rädereinstellen auch am Bahnhof möglich.

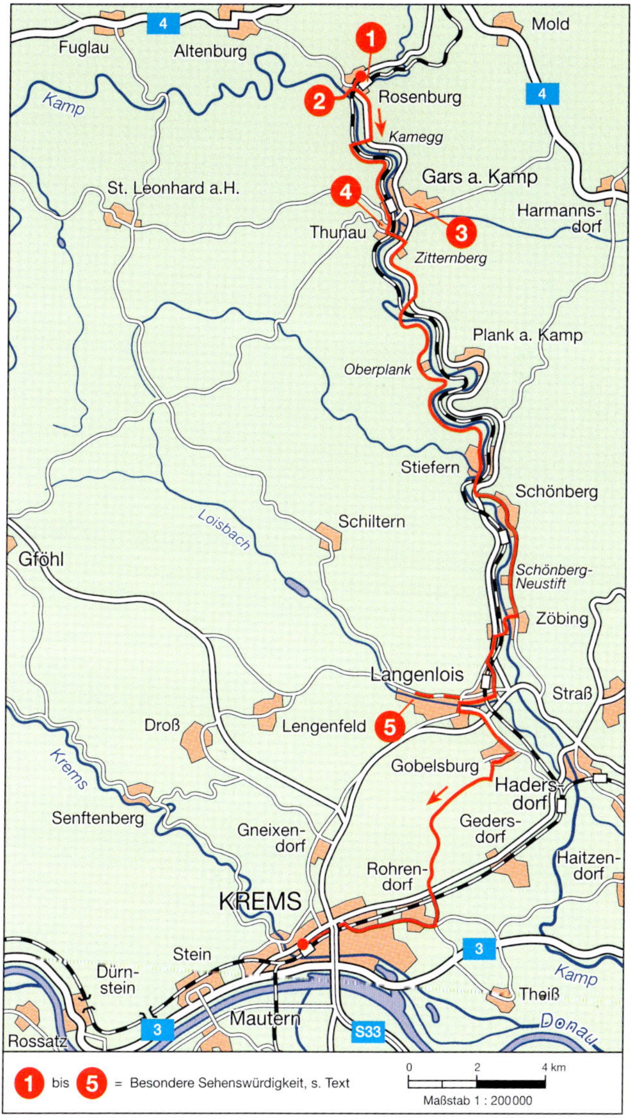
Mold
Fuglau
Altenburg
4
Kamp
Rosenburg
Kamegg
Gars a. Kamp
St. Leonhard a.H.
Harmanns-
dorf
Thunau
Zitternberg
Plank a. Kamp
Oberplank
Stiefern
Schönberg
Schiltern
Loisbach
Gföhl
Schönberg-
Neustift
Zöbing
Langenlois
Straß
Droß
Lengenfeld
Gobelsburg
Krems
Haders-
dorf
Senftenberg
Geders-
dorf
Gneixen-
dorf
Haitzen-
dorf
Rohren-
dorf
KREMS
Stein
3
Dürn-
stein
Kamp
Theiß
Mautern
3
S33
Donau
Rossatz
1
2
3
4
5
1 bis 5 = Besondere Sehenswürdigkeit, s. Text
0
2
4 km
Maßstab 1 : 200000

## Tip Erhaben und mächtig – die Rosenburg

Rosenburg

Auf steilem Fels erbaut, imponiert die mächtige Burganlage nicht nur von unten aus dem Talgrund, die großartigen Wehrbauten aus dem 12. Jahrhundert wirken aus der Nähe noch viel wuchtiger. Denn erst beim Betreten der weitläufigen Innenhofanlagen offenbart sich die gesamte Größe, die durch den schloßartigen Ausbau in der Renaissancezeit entstand. In die Zeit des 16. Jahrhunderts können wir uns auch während der Vorführungen zurückversetzt fühlen. Während der mitreißenden Falknerschau werden historische Kostüme getragen, und rund um die Aussichtsterrasse kreisen Geier, Falken und Adler und stürzen sich zum Falkner herab. Im Burgmuseum wecken die Ausstellungen über das adelige Landleben vergangener Zeiten unsere Neugier. Auch die Geschichte der Rosenburg selbst und der Familie Hoyos (Besitzer seit 1681) wird interessant erläutert.

Nicht nur die Kinder werden sich für die Vorführungen interessieren, die während der Hauptsaison täglich um 11 und 15 Uhr beginnen. Zusätzlich werden an verschiedenen Tagen noch Sondereinlagen (Pferde, Hof- und Jagdmusik) geboten. Auskunft: Burgverwaltung Hoyos, A-3573 Rosenburg, Tel. 0 29 82/ 29 11 od. 23 03, geöffnet vom 1. April bis 15. November, Eintritt: Burg und Ausstellung ohne Führung, Erw. 30 öS, Kinder ab 6 J. 20 öS, Familienermäßigung, Führung und Schau zusätzlich.

Auf die kleineren Kids, die wohl noch im Kindersitz mitfahren, wartet die »Märchenwelt«, die allerdings Extra-Eintritt kostet: Erw. 45 öS, Kinder ab 6 J. 25 öS, Familienermäßigung.

Falkner in Aktion

*Mit dem Fahrrad zurück* ***nach Krems*** *starten wir im* ***Ort Rosenburg*** *in derselben Richtung, in der losgewandert wurde. Gleich nach dem Bahnübergang beginnt links ein getrennter Fuß- und Radweg entlang der Bundesstraße 34 (ausgeschildert »Kamptalweg« und »Krems«).* *0 km*

*Der Weg ist so deutlich ausgeschildert und auch durch die topographische Situation kaum zu verfehlen, weil das* ***Tal des Kamp*** *ohnehin relativ schmal ausfällt. Die Flußseite wird öfters gewechselt, kurze Abschnitte säumt die Route die Bundesstraße oder die Bahnstrecke, die sich beide durchs Tal zwängen. Die meiste Zeit führt der* ***Kamptalweg*** *jedoch fast verkehrsfrei auf kleinen Sträßchen mit Anliegerverkehr und manchmal auf kurzen Etappen über schotterige Feldwege. In* ***Gars*** *mündet die* ***Villengasse*** *neben der Brücke über den Kamp in die Gföhler Straße. Über diese Brücke erreichen wir das* ***Ortszentrum*** *von Gars (3), das sich für einen kleinen Abstecher anbietet.*

Gars am **Kamp** gilt als geschichtsträchtiger Ort, dessen ältester Teil jedoch im gegenüberliegenden **Ortsteil Thunau** (4), also rechts des Kamp, zu finden ist. **Die Kuenringer Burgruine** mit der **Pfarrkirche St. Gertrud** ist imposant anzuschauen. In Gars selbst verbreiten zahlreiche geschmackvoll restaurierte **Bürgerhäuser** eine recht gemütliche Atmosphäre. Die **Marktkirche** und das **Kloster der Redemptoristinnen** sollten Sie neben der **Gedenkstätte für Franz von Suppé** (Kremser Str. 40) besuchen – der Operettenkomponist weilte oft und gerne hier am Kamp.

*Der Radweg führt am rechten Ufer durch die **Gföhler Straße** weiter zur nächsten Kampbrücke. Auf der anderen Seite setzt sich der **Kamptalradweg** links der **Kremser Straße** fort.*

*Wenn der **Kamp** nach fast 20 km das enge Bergtal verläßt und sich endgültig die Weingärten in Weinfelder verwandeln,*
*24 km* *heißt es aufpassen: Auf **Höhe von Zöbing** müssen wir die gewohnte Route verlassen und nach rechts auf die **andere Kampseite** wechseln, um den vielgerühmten Weinort **Langenlois** anzufahren. Hier ist mit stärkerem lokalem Kfz-Verkehr zu rechnen. Langenlois erstreckt sich entlang des **Loisbachtales**, und entlang dieser Hauptachse (**Hochedlingergasse**)*
*27 km* *fahren wir westlich. Bereits an der **Franz-Josef-Straße** müßte eigentlich links gesteuert werden. An dieser Stelle empfiehlt sich jedoch ein Abstecher ins Zentrum von **Langenlois** (5). Die Ortsmitte ist zwar noch über 1 km entfernt, doch sehr sehenswert. Außerdem locken dort und unterwegs zahlreiche Wein- und Speiselokale und laden zum Verweilen ein.*

## Langenlois

Das **Heimatmuseum** beweist uns mit seinen **prähistorischen Funden**, daß diese Gegend schon vor 30.000 Jahren begehrt war. Die Nachkommen haben glücklicherweise ebenfalls

Thunau am Kamp

Hausfassade im Kamptal

Zeugnisse ihres Schaffens hinterlassen, denn der **Kornplatz** mit **Rathaus**, **Pfarrkirche**, der **auffälligen Pestsäule** und all seinen schmucken Bürgerhäusern zählt wohl zu den schönsten Plätzen Österreichs. Von Romanik bis Gotik und Barock haben alle Epochen ihre Stilmittel verewigt. Heute lebt das Städtchen hauptsächlich vom ertragreichen Weinbau auf den Lößbodenbuckeln, die sich zwischen **Kamp- und Donautal** ausbreiten. Sie sehen daher Weinstöcke, soweit das Auge reicht, und die vielfältige Gastronomie hat sich völlig auf die Bewirtung mit Rebensaft eingestellt. Die breiteste Vielfalt an Weinen bietet das **Ursin-Haus**, in dem 60 Weinhauer ihre Spitzengewächse offerieren.

*Unseren Radweg treffen wir nach dem Abstecher wieder in der* ***Franz-Josef-Straße****. Diese endet in der* ***Wiener Straße****, der wir nach links folgen, um bald wieder schräg rechts in die* ***Gobelsburger Straße*** *abzubiegen. Am Ortsende Gobelsburg (zur Rechten das Schloß) müssen wir rechts* ***Richtung Krems*** *abbiegen. Kurz vor Krems führt der Weg bergab* ***Richtung Rohrendorf****. Wir treffen in Krems auf*
*41 km* *die* ***Wiener Straße****, die Richtung* ***Innenstadt und Bahnhof*** *führt.*

# Krems–Wien

## Durchs blühende Tullner Feld zum Wienerwald

Wiener Prater: jetzt ist das Ziel nicht mehr weit

Im fruchtbaren Tullner Becken, bekannt vor allem durch seinen Obst- und Gemüseanbau, fließt die Donau träge und breit dahin. Auf dem Treppelweg erreichen wir Traismauer mit seinen römischen Funden und dem etwas neueren Saurierpark. Der Radweg führt weiter durch das Gelände der teuersten Neubauruine Österreichs. Bei einer Volksabstimmung haben sich die Österreicher 1978 gegen die Inbetriebnahme ihres einzigen Atomkraftwerkes, bei Zwentendorf, entschieden.

Auf kleinen ruhigen Sträßchen gelangen wir im Hinterland nach Tulln, ein Städtchen mit einer langen Geschichte vom ehemaligen Römerlager bis zur Hauptstadt des Babenbergerreiches. Heutzutage hat die jährlich stattfindende Gartenbaumesse Tulln den Beinamen »Rosenstadt« eingebracht. Von Greifenstein an dominiert der Wienerwald, dessen grüne Ausläufer bis weit ins Donautal hineinreichen. Im Stift Klosterneuburg lohnt nicht nur der Verduner Altar einen Besuch. Durch Schrebergärten und Siedlungswege führt unser Weg schließlich am Donaukanal direkt nach Wien hinein. Nach tagelangem beschaulichem Dahinradeln wirken Hektik und Streß einer Großstadt erst einmal wie ein Schlag ins Gesicht. Geben Sie nicht gleich auf – und Wien eine Chance. Es wartet eine Stadt, in der es tausend Dinge zu entdecken gibt, in der Gastlichkeit großgeschrieben wird und in der man sich, wenn man sich an den »Wiener Schmäh« erst einmal gewöhnt hat, in kürzester Zeit heimisch fühlen kann. Und wenn dann im Prater noch die Bäume blühn …

## Kurzbeschreibung und Informationen

**Streckenlänge:** 77 km, optional zusätzlich Saurierpark 2 km oder Traismauer 6 km.

**Wegbeschaffenheit:** Fahrbahn von sehr kurzen Ausnahmen abgesehen durchgehend asphaltiert.

**Verkehr:** Abgesehen von der etwas komplizierten, aber ungefährlichen Abfahrt an der Brücke in Mautern verkehrsfreier Treppelweg fast durchgehend bis Greifenstein. Dazwischen kleines Sträßchen mit Anliegerverkehr von Zwentendorf bis kurz vor Tulln. Kleine Siedlungssträßchen mit Anliegerverkehr von Greifenstein bis 200 m vor dem Franz-Josefs-Bahnhof in Wien.

**Bahnverbindungen:** Zunächst keine parallele Strecke, doch Stationen in Krems und Traismauer. Erst ab Bahnhof Tulln Stadt (nicht Bhf. Tulln!) in jeder Station Zustieg möglich bis Franz-Josefs-Bahnhof in Wien.

**Schiffsangebot:** Linienschiffe legen an in Krems, Tulln, Greifenstein, Nußdorf und Wien/Reichsbrücke. Betrieb nur am Wochenende und saisonal eingeschränkt, Auskunft: Blue-Danube-Schiffahrt (DDSG), Tel. 02 22 oder 01/ 7 27 50-451, Fax -4 40.

**Sehenswürdigkeiten:** *Mautern:* Ortskern, Römermuseum, Stift Göttweig, *Traismauer:* Saurierpark, Museum für Früh- und Erdgeschichte,

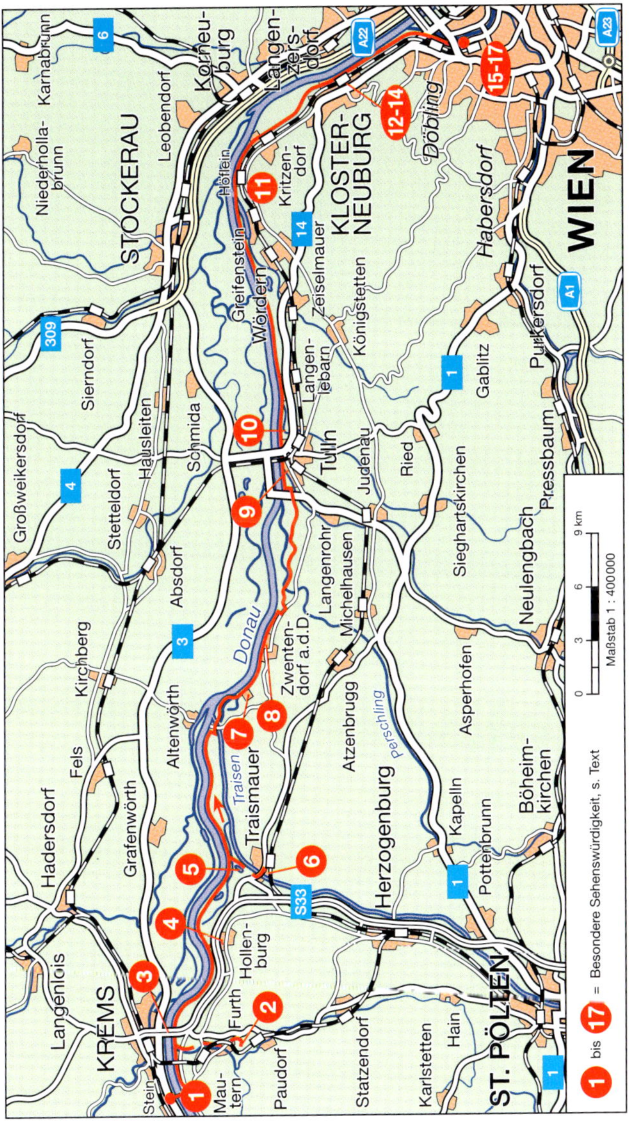
KREMS
Stein
Mautern
Furth
Hollenburg
Paudorf
Langenlois
Hadersdorf
Grafenwörth
Fels
Kirchberg
Altenwörth
Traisen
Traismauer
Herzogenburg
Statzendorf
Karlstetten
Hain
ST. PÖLTEN
Pottenbrunn
Kapelln
Böheimkirchen
Atzenbrugg
Perschling
Asperhofen
Zwentendorf a.d.D.
Michelhausen
Langenrohr
Donau
Absdorf
Stetteldorf
Großweikersdorf
Hausleiten
Schmida
Tulln
Judenau
Ried
Sieghartskirchen
Neulengbach
Pressbaum
Langenlebarn
Königstetten
Sierndorf
STOCKERAU
Niederhollabrunn
Karnabrunn
Leobendorf
Korneuburg
Langenzersdorf
Höflein
Greifenstein
Wördern
Zeiselmauer
Kritzendorf
KLOSTERNEUBURG
Döbling
Hadersdorf
WIEN
Gablitz
Purkersdorf
309
S33
A1
A22
A23
12-14
15-17
1 bis 17 = Besondere Sehenswürdigkeit, s. Text
0 3 6 9 km
Maßstab 1 : 400000

*Tulln:* Stadtkern, Pfarrkirche mit Karner, Rathausplatz mit Dreifaltigkeitssäule, Egon-Schiele-Museum, Heimatmuseum, *Klosterneuburg:* Stift mit Kirche und Verduner Altar, *Wien:* Stephansdom, Hofburg, Prater, Schönbrunn, Belvedere, unzählige Museen, und vieles mehr.

**Übernachtung:** Hotels nur in den größeren Orten wie Mautern, Tulln und Klosterneuburg, Gasthöfe in allen Orten entlang der Strecke. In Wien natürlich jede Kategorie. – Privatzimmer: In Tulln, Traismauer, Greifenstein und Klosterneuburg, in Wien in allen Kategorien. – Jugendherbergen: Klosterneuburg sowie 6mal in Wien. – Camping: Traismauer, Zwentendorf, Tulln, Klosterneuburg sowie 5mal in Wien.

**Gaststätten:** Außer den oben genannten Häusern unterwegs an der Radroute zusätzlich Ausflugsgaststätte bei Traismauer, Jausenstation vor Langenschönbichl sowie Kiosk- oder Imbißbetriebe mit Gastgarten vor Kraftwerk Altenwörth, hinter Unteraigen, Altwasser Greifenstein und hinter Klosterneuburg.

**Bademöglichkeiten:** Au-Badeseen bei Traismauer (Abstecher 1 km), Hallenbad und Au-Badeseen in Tulln.

**Rad-Info am Donauweg:** Tulln: Tel. 0 22 72/ 58 36, Klosterneuburg: Tel. 0 22 43/ 3 20 38, Wien: Floridsdorfer Brücke, Donauinsel.

**Orts-Informationen:** *Hollenburg:* A-3500, Tel. 0 27 32/ 8 26 76, *Traismauer:* A-3133, Tel. 0 27 83/ 86 52, *Tulln:* A-3430, Tel. 0 22 72/ 42 85, *Klosterneuburg:* A-3400, Tel. 0 22 43/ 3 20 38, *Wien:* NÖ-Information, A-1010, Postfach 10.000, Tel. 02 22 od. 01/ 5 36 10-62 00, Stadtinformation, Rathaus, Eingang Friedrich-Schmidt-Platz, Tel. 02 22 od. 01/ 4 03 89 89, Tourist-Information in der City, Kärntnerstr. 38, Tel. 02 22 od. 01/ 5 13 88 92.

*0 km*
*(241 km)*

Nach der Besichtigung von **Krems** empfiehlt es sich, bis an den Ortsanfang von **Stein** zurückzufahren und dort die Donaubrücke nach Mautern zu benützen, um ab hier auf der rechten Donauseite weiterzufahren (Richtung Tulln). – In Mautern bieten sich auch noch weitere Übernachtungsmöglichkeiten.

*Wir fahren auf die andere Seite hinüber – am anderen Ufer geht direkt am Brückenende unterhalb der **Treppelweg** hindurch.*

*Auf der linken Seite dieser Brücke (Ostseite) führt in einer* ***Lücke des Eisengeländers*** *eine Treppe zum Treppelweg hinunter, dort verlassen wir die Brücke und schieben die Räder rechts der Treppe auf einem Damm hinunter. Ein kleiner Fußweg leitet dann weiter zum* ***Treppelweg****.*

*Für einen* ***Abstecher nach Mautern*** *(1) bleiben wir nach der Brücke auf der rechten Seite. Kurz nach dem Ortsanfang von Mautern endet der Radweg, aber im Ort selbst ist weniger Verkehr.*

## Tip Grenzstadt der Römer

Favianis nannten die Römer ihr Lager an der Grenze des römischen Imperiums. Reste der Befestigung sind bis heute erhalten, so der Rundturm und die Mauer im Nordwesten. Mehr über die Römerzeit erzählt das Museum in der Margarethenkapelle. Römischer Herkunft war auch der heilige Severin, der in Mautern 20 Jahre lebte, ein Kloster gründete und als Apostel Noricums zwischen romanischer Bevölkerung und den über die Donau drängenden Germanenstämmen vermittelte. Mautern ist heute vor allem Weinort. Zahlreiche Klöster hatten hier ihre Weingärten, aus dieser Zeit stammen auch die zahlreichen »Leshöfe«. Einer der schönsten ist wohl der Nikolaihof, der sowohl für seine biologischen Weine, als auch für sein gehobenes Restaurant in wundervollen Räumen bekannt ist.

*Bei der Ausfahrt aus* ***Mautern*** *wieder zurück zum Donauufer ist folgendes zu beachten: Man fährt wieder direkt in* ***Richtung*** *auf die* ***Donaubrücke*** *zu, zur jetzt rechts zu findenden* ***Lücke im Eisengeländer*** *der Brücke. Wir folgen dann unten dem Treppelweg.*

*Von* ***Mautern*** *aus radeln wir auf dem Treppelweg immer am* ***Donauufer*** *entlang, bis er nach etwa 2 km einen Knick nach rechts macht und an der dort einmündenden Fladnitz entlang führt. Nach etwa 500 m stoßen wir auf die Brücke der* ***Schnellstraße****, die über unseren Radweg und Bach hinweg führt. Etwa 20 m davor biegen wir scharf rechts zurück auf einen Weg, der vor zur Schnellstraße geht, öffnen das* ***Wild-***

***gatter*** *(und schließen es natürlich hinterher wieder) und wechseln an der linken Seite der Schnellstraße auf die andere Fladnitzseite. Nach der Querung biegen wir links ein, und*
*4 km* *radeln zum* ***Donauufer*** *(am Fladnitzbach entlang) zurück.*
*(245 km)* *Hier kämen Sie auch zur Radroute zurück, falls Sie in* ***Göttweig*** *(2) waren. Kurz danach wird übrigens die große* ***Autobahnbrücke*** *über die Donau (3) unterfahren. – Der Donauradweg ist weiter ausgeschildert* ***Richtung Tulln****.*

*8 km* *Ungefähr nach 4 km steht eine Infotafel über den Ort Hol-*
*(249 km)* *lenburg, der gleich hinter der Autobahn liegt. Auf Höhe Traismauer liegt am Ende eines Yachthafens eine große Gastwirtschaft. Der Donauradweg weist links daran vorbei, wir*
*16 km* *bleiben also weiter am Ufer.*

*(257 km)* *Wie wär's jetzt mit einem Abstecher zum* ***Saurierpark*** *(5) (1 km) und nach* ***Traismauer*** *(6) (3 km)? Wenn Sie sich dafür entscheiden, folgen Sie zunächst dem* ***Traisentalweg****, fahren vor der Gastwirtschaft leicht bergab, passieren eine Schranke und radeln gleich unmittelbar danach rechts über ein Brücke hinweg.*

Nach etwa 300 m zur Rechten ein Badesee. Da es sich um einen Grundwassersee handelt, ist er jedoch bedeutend kälter als die anderen Seen.

*Noch vor der nächsten Brücke (über die Traisen) biegen wir nach rechts ein und fahren diesen Bach entlang. Nach 500 m erscheint zur Rechten zunächst die* ***»Sauriertränke«*** *(nur eine Wirtschaft) und dann der* ***Saurierpark****.*

## Bei den Sauriern

Zu einem Spaziergang in die Urzeit lädt der Saurierpark Traismauer mit lebensechten Sauriermodellen, die zwischen 50 cm und 30 m groß sind. Das wirkt fast wie in einer »vergessenen Welt«. Täglich geöffnet vom 23. März bis 1. November von 9 bis 18 Uhr, Tel. 0 27 83/ 61 70.

Es gibt so viel zu sehen ...

*Die Radstrecke führt weiter bis nach* ***Traismauer*** *an der nächsten Brücke über den* ***Traisenbach****. In einer Linkskurve führt die* ***Kremser Straße*** *über die Brücke hinweg. Hinter dem folgenden Kreisverkehr beginnt der* ***Hauptplatz*** *mit dem* ***Schloß*** *zur Rechten.*

**Traismauer** zeigt Spuren seiner römischen Vergangenheit als **Limes Castell Augustinanis**. Interessant ist vor allem das **Museum für Früh- und Erdgeschichte** des Landes Niederösterreich **im Schloß**.

*Nach dem kleinen Abstecher kommen Sie auf demselben Weg wieder zurück zur Donau.*

Tip

## Die österreichische Sprache

Ins Ausland zu fahren und trotzdem der Sprache mächtig zu sein, birgt immer viele Vorteile. Und Deutsch muß man ja nicht lernen, oder etwa doch? »Österreichisch ist Deutsch und doch nicht Deutsch, weil es eben Österreichisch ist.« Zum besseren Verständnis und Zurechtfinden einige Begriffe der blumigen, manchmal recht deftigen, aber immer gefühlvollen Sprache:

Gartenbetrieb heißt in Österreich auch Schanigarten

**Aus der Speisekarte:**
Blunzeng'röstl = geröstete Blutwurst, Lieblingsgericht einer Hälfte des Autorenteams, Eierschwammerl = Pfifferlinge, Erdäpfel = Kartoffeln, Faschiertes = Hackfleisch, Fleischlaberl = Frikadellen, Karfiol = Blumenkohl, Krügel = großes Glas Bier, Laberl = kleine ovale Brötchen, Paradeiser = Tomaten, Ribiseln = Rote Johannisbeeren, Schanigarten = Gastgarten eines Wirtshauses, Schlagobers = Schlagsahne, Stelze = Eisbein.

**Aus dem Alltag:**
Gschaftlhuber = Wichtigtuer, Gschamsterer = Freund, Liebhaber, geschert = ländlich, dümmlich, gschnappig = schnippisch, Gspusi = Techtelmechtel, Gschiß = sinnloses, geschäftiges Treiben, kommod = bequem, Krisperl = mageres Geschöpf, Leiberl = T-Shirt, Leibchen, leiwand = bestens, vortrefflich, Matura = Abitur, Ohrwaschel = Ohrläppchen, Pomerantschen = Orange, junges Mädchen vom Land, pritscheln = plätschern, verschütten, Ruahtragl = Tragbahre, sakrisch = außerordentlich, gewaltig, schiach = häßlich, woiseln = wimmern, jammern, zach = zäh, Zwiderwurzn = stets übelgelaunter, mürrischer Mensch.

Österreichische Wissenschaftler mögen uns verzeihen, wenn wir das eine oder andere Wort mehr nach dem Gehör als nach sprachwissenschaftlichen Regeln geschrieben haben sollten.

Der Weg führt dann 6 km an der Donau entlang weiter, bis etwa 500 m vor dem **Kraftwerk Altenwörth** (etwa 100 m vor dem Sperrtor). Hier zweigt der Weg rechtwinklig ab und führt rund 500 m weit vom Donauufer weg. Vor einer Imbißhütte mit kleinem Gastgarten beschreibt er eine Linkskurve und geht jetzt parallel dem Traisenufer entlang bis zum **Haupteingang des Kraftwerksgeländes**. An der 23 km
Brücke dort fahren wir rechts auf die andere Seite des Trai- (264 km)
senbaches und unmittelbar danach wieder links bis zur Donau.

Der Radweg führt später zum Gelände des nie in Betrieb genommenen **Kernkraftwerks Zwentendorf** (7) (immer etwa parallel zur Donau). Beim Verlassen des Kraftwerksgeländes biegen wir unmittelbar nach der Pforte scharf links ab. Etwa 2 km nach dem Kraftwerk kommen wir dann auf dem Treppelweg auch an **Zwentendorf** vorbei, einem kleinen, beschau- 30 km
lichen Dorf. Gleich bei der Info-Tafel am Ortsanfang ginge (271 km)
es nach rechts zum **Campingplatz**. Wer einen kleinen Abstecher machen will: Ein Blick auf das **Rathaus von Zwentendorf** lohnt sich ebenso wie daneben in eine **frühgotische Kirche** (8), die innen recht harmonisch barock ausgestaltet ist.

Hinter **Zwentendorf** geht der Weg später in unbefestigten Zustand über, bevor er vor einem großen Betonbau der Energieversorgungsunternehmen scharf nach rechts von der Donau weg abbiegt (Ausschilderung »Tulln«). Nach 100 m geht es wieder links weiter. Nach dem Ort **Kleinschönbichl** macht der Dammweg einen Schwenk und geht unmittelbar auf eine befahrene Landstraße zu, in die wir nach links einbiegen (Radweg).

Der Perschlingbach wird überquert und anschließend geht es am **Gelände der Donau-Chemie** (hoher Drahtzaun) entlang.

Erst im nächsten Ort, in **Pischelsdorf**, biegen wir nach links von der Landstraße ab und umrunden mit einem kleinen Sträßchen den Ort (weiter Richtung Tulln). Am

*Ortsende radeln wir nach links wieder in Richtung Donau, stets gut ausgewiesen.*

37 km (278 km) *Den Ort **Langenschönbichl** durchfahren wir gerade und biegen vor dem Ortsende links ab **Richtung Kronau** auf einer wenig befahrenen, angenehmen Landstraße.*

*Auch durch Kronau geht es geradeaus durch; die Straße endet nach einigen Kilometern vor einer sehr großen Straßenkreuzung. Unmittelbar vorher biegen wir nach rechts ein, in den **Radweg Richtung Tulln**, der entlang der Straßenböschung weiterführt. Wir unterqueren gleich anschließend die befahrene Landstraße und fahren jetzt parallel zum Fluß **Große Tulln**.*

*Gleich anschließend endet der Weg an einer Brücke, wir fahren nach rechts auf die **andere Seite des Tullnflusses** und unmittelbar nach der Brückenquerung sofort wieder links den Damm entlang weiter Richtung Tulln. Der **Dammweg** führt zur Donau zurück und dann immer **am Donauufer weiter**.* 43 km (284 km) *– In **Höhe Tulln** empfiehlt es sich, abzubiegen und in die Stadt hineinzufahren. Es gibt einiges zu besichtigen.*

In römischer Zeit war in **Tulln** (9), damals **Comagena**, eine Donauflottille stationiert, in Tulln traf im **Nibelungenlied** Kriemhild auf Etzel. **Babenberger** und **Habsburger** residierten in Tulln. Vom großen kulturellen Aufschwung im Hochmittelalter und der langen Geschichte ist auch heute an manchen Ecken noch etwas zu spüren. Das berühmteste Bauwerk von Tulln ist der **Karner** neben der **doppeltürmigen Pfarrkirche St. Michael**. Das Gebeinhaus stammt aus dem 13. Jahrhundert und gilt als eines der schönsten in Österreich. Sehenswert ist auch der **Rathausplatz** mit der **Dreifaltigkeitssäule** von 1716.

Der bekannteste Sohn der Stadt ist wohl **Egon Schiele**. Dem 1890 als Sohn des Bahnhofvorstehers in Tulln geborenen Maler widmete man zu seinem 100. Geburtstag ein Museum. Das **Egon-Schiele-Museum** (täglich außer Mo. 9–12 u.

Erfrischung im Ausee

14–18 Uhr) ist im ehemaligen Bezirksgefängnis von Tulln untergebracht. Eine Dokumentation über sein Leben beinhaltet auch eine komplett erhaltene Gefängniszelle. Zwar war Schiele nicht in Tulln, aber im Gefängnis von Neulengbach drei Wochen seines Lebens inhaftiert. Er schuf dort 10 erschütternde Zeichnungen.

Neben zahlreichen anderen Ausstellungen findet jedes Frühjahr die **österreichische Gartenbaumesse** in Tulln statt.

*Bei der Weiterfahrt am **Donaudamm** liegt nach dem Ortsrand rechts der Campingplatz und ein weiterer schön angelegter **Badesee** (10) mit einer langen Wasserrutsche.*

*Der Radweg führt nun etwa 15 km weiter die Donau entlang. Wir biegen auch vorher nicht Richtung Greifenstein ab, sondern bleiben weiter **parallel zur Donau** bis auf Höhe des nächsten Kraftwerks. Vom **Kraftwerk Greifenstein** führt ein Rad- und Fußweg quer durch die **Altwasserseen** direkt an die Steilhänge, in diesem Fall Steilufer des Wienerwaldes unterhalb der **Burg Greifenstein** (11) (Richtung Klosterneuburg).*

58 km
(299 km)

Badebetrieb herrscht in diesen Altwasserseen der Donau. Genau richtig, um sich nach einer Woche Radeln noch für Wien frisch zu machen.

*Der Weg führt später gut ausgeschildert durch kleine Siedlungsgebiete und dann hinunter zum Treppelweg unmittelbar am Donauufer (ausgeschildert »Wien« und »Klosterneuburg«).*

Tip

## Der Gießgang – Rettung für den Auwald

Im Tullner Feld begrenzen über 10.000 ha Auwald die Donau, das größte zusammenhängende Auwaldgebiet Österreichs. Ein Rückzugsgebiet und Regenerationszentrum für Flora und Fauna, das durch den Menschen massiv bedroht wurde. Um die verheerenden Hochwasser abzuwehren, wurde die Donau bereits 1870 begradigt und in ein neues Bett gezwängt. Die Folgen waren damals noch nicht abschätzbar. Die Menschen in den Städten am Fluß wurden zwar nicht mehr so oft vom Hochwasser heimgesucht, doch durch die Begradigung floß die Donau wesentlich schneller und grub sich immer tiefer in ihr Bett ein. Ihr Wasserspiegel und damit auch der Grundwasserspiegel sanken immer stärker, und die Auenlandschaft war vom Austrocknen bedroht.

Lange Jahre wurden die ökologischen Auswirkungen der Eingriffe des Menschen in die Natur kaum berücksichtigt. Erst seit Beginn der 80er Jahre setzte ein Umdenken ein, und bei technischen Großprojekten berücksichtigen heute Landschaftspläne auch die Belange der Natur. So wurde beim Bau des Kraftwerks Greifenstein ein vollkommen neues Bewässerungssystem für den gefährdeten Auwald angelegt. Teiche, Gräben und Altarme wurden teilweise vertieft und zu einem 40 km langen, von Altenwörth bis Kornneuburg reichenden durchgehenden Wasserlauf verbunden. Mit dem Gießgang, wie dieses System genannt wurde, gelang es, den Austrocknungsprozeß zu stoppen und ein einzigartiges Biotop zu schaffen. Gespeist wird der Gießgang durch Grundwasser, Sickerwasser und natürliche Zuläufe. Bei höheren Wasserständen der Donau strömt über eine Mulde im Donaudamm Wasser in die Au und sorgt damit für die notwendigen, regelmäßigen Überflutungen.

**Donaukraftwerk Greifenstein**

In **Klosterneuburg** wurde kurz vor dem Bahnhof zur Rechten eine **Raststation** (12) extra für Radler eingerichtet, sogar mit Abstellanlagen.

*An dieser Stelle nach rechts unter der Unterführung durch wäre es möglich, in die **Altstadt von Klosterneuburg** zu wechseln. Unmittelbar dahinter nach dieser Kreuzung zur Rechten der Bahnhof Klosterneuburg. Hier bietet wiederum eine **Rad-Informationsstelle** (13) Zimmervermittlung an.* *66 km (307 km)*

## Stift Klosterneuburg

Am Fuße des Wienerwalds liegt die **Stadt Klosterneuburg**, deren Geschichte auf eine Siedlung der Illyrer zurückgeht, auf sie folgte ein **römisches Kastell**, das in den Völkerwanderungsstürmen unterging. 1113 kamen die Babenberger, und der Sage nach soll Markgraf Leopold III. an der Stelle, wo man den verlorenen Schleier seiner Gemahlin Agnes auf der Jagd wiederfand, ein **Chorherrenstift** errichtet haben.

Kaiser Karl VI. begann 1730 mit dem barocken Neubau des Stifts, es sollte nach Plänen des Architekten Felice d'Allio ein monumentaler Palast mit neun Kuppeln entstehen. Kaiser Karl konnte sein Werk nicht vollenden, das verwirklichte Viertel davon ist schon imposant genug. Das Stift (14) birgt eine Reihe großartiger Sehenswürdigkeiten: **romanische Sitftskirche** mit Hochaltar, reichgeschnitztes Chorgestühl, große Festorgel, **Leopoldskapelle** aus dem 12. Jahrhundert mit dem weltberühmten **Verduner Altar** – ein Kunstwerk aus 51 Email-Tafeln des Nikolaus von Verdun aus dem Jahre 1181.

### Tip Faßlrutschn im November

Vielleicht kommen Sie ja einmal ganz spät in einem schönen Herbst noch mit dem Rad hierher: Dann wohnen Sie einem amüsanten Brauch bei, der jedes Jahr im Stiftskeller zelebriert wird. Am Fest des Heiligen Leopold, am Leopolditag (15. November), dürfen alle Besucher des Stiftes auf dem Hosenboden über ein großes Faß rutschen. Das »Faßlrutschn« zieht jährlich Tausende von Menschen ins Klosterneuburger Stift.

*Die Radroute führt unmittelbar nach der Raststation weiter über eine kleine Brücke nach links und gleich nach der Brücke sofort wieder schräg rechts (»Wien Zentrum«). Zur Linken befindet sich ein großer* ***Campingplatz*** *und rechts nach etwa 500 m das Ferienfreizeitzentrum »Happyland«. Etwa 1 km danach weist der Radweg leicht schräg nach rechts in Richtung Wien.*

Attraktion des Sport- und Vergnügungszentrums Happyland ist ein Wellenbad. – Je nach Wetter und Badtemperaturen könnten Sie auch scharf links zurück zu einem Strandbad mit Erlebnisregion abbiegen.

*Es wird dann ein* ***kleines Gewerbegebiet*** *erreicht, und nach einem* ***Tennisplatz*** *geht es scharf links ab (Schild Radweg* ***»Wien Zentrum«****), statt nach rechts zum Bahnhof Weidling.*

*Das Sträßchen, auf dem der Weg verläuft, führt durch größere Gewerbegebiete und Siedlungen mit kleineren Häusern, an denen die Donau verbaut ist, bis zum Ortsende von* ***Klosterneuburg****. Dort fahren wir links weiter, erreichen das Stadtgebiet von Wien auf der Donaustraße, der wir immer weiter folgen und nicht links zum Hafen abbiegen.*

*Nach Wien weiter hinein geht es immer* ***zwischen Bahngleis und Donauufer****. Der Radweg führt unter den Pfeilern der auf Stelzen gebauten Donauuferschnellstraße entlang. Wir stoßen auf eine kleinere* ***Stahlkonstruktionsbrücke*** *(15), die von zwei mächtigen Löwenmonumenten begrenzt wird.*

*An dieser Stelle folgen wir nicht mehr dem Hinweisschild* *74 km*
*Donauradweg nach links über diese Brücke (Radinfo auf der* *(315 km)*
*Donauinsel), sondern folgen geradeaus weiter, leicht bergab, dem Schild* ***»Radweg Richtung Zentrum«*** *(später wird* ***»Urania«*** *als Ziel angegeben), um so zum Bahnhof zu gelangen.*

*Die Straße unterquert sofort eine erste Eisenbahnstrecke. Vor der zweiten Eisenbahnstrecke (Unterführung) fahren wir nach links, in ein kleines gesperrtes Sträßchen (Radfahrer frei) und fahren jetzt wieder* ***unter der Schnellstraße*** *auf den hohen Betonstelzen, wieder genau zwischen einem Donauarm und der Eisenbahnstrecke zur Rechten. Der Radweg führt* *jetzt immer neben oder unter der* ***Stadtautobahn*** *entlang auf dem rechten Ufer des* ***Donaukanals****.*

*Nach einiger Zeit zur Rechten die* ***Müllverbrennungsanlage*** *(16) mit Schornstein, die der Künstler* ***Friedensreich Hundertwasser*** *gestaltet hat. Die nächste Brücke, die* ***Friedensbrücke****, wird noch unterfahren. Etwa 100 m danach fahren wir jedoch scharf rechts zurück und die Rampe zur Friedensbrücke hinauf, in deren Seite wir T-förmig einmünden.*

*Gegenüber liegt die* ***U-Bahnstation Friedensbrücke****. Von hier fährt eine direkte Linie* ***zum Westbahnhof*** *(mit den Zügen Richtung München).*

*Wir biegen hier nach links ein, in die* ***Alserbachstraße****, die vom Donaukanal wegführt. Da es sich um eine befahrene Straße handelt, empfiehlt es sich, mit der Ampelregelung über die Zebrastreifen hinweg zu schieben und anschließend in der* ***Alserbachstraße im Verkehr*** *rechtsseitig mitzufahren.*

*Bereits nach 50 m zweigt schräg rechts die* ***Grundelgasse***
*77 km* *ab. Sie führt direkt auf den* ***Franz-Josefs-Bahnhof*** *zu, einen*
*(318 km)* *riesigen Glaspavillon). Leicht zur Linken ist das Schild der ÖBB zu sehen. An dieser Stelle ist der* ***Haupteingang*** *des Bahnhofs. Hier gibt es jedoch nur Treppen, doch 20 m weiter rechts davon ist unter einem Vordach der Haupteingang* ***für die Frachtzulieferungen****. An dieser Stelle weisen die Treppen* ***Seitenspuren*** *auf, um Räder hinaufschieben zu können. Der* ***»Radltramper« Richtung Passau*** *geht vom Gleis 5 ab.*

***Variante U-Bahn:*** *Kommt man mit der U-Bahn in die Stadt hinein, steigt man an der* ***Haltestelle Friedensbrücke*** *aus, verläßt die U-Bahnstation direkt neben der Friedensbrücke und fährt die vorbeiführende Straße quasi rechtwinklig von der Donau weg. Nach 50 m rechts in die* ***Grundelgasse****, die zum* ***Franz-Josefs-Bahnhof*** *führt.*

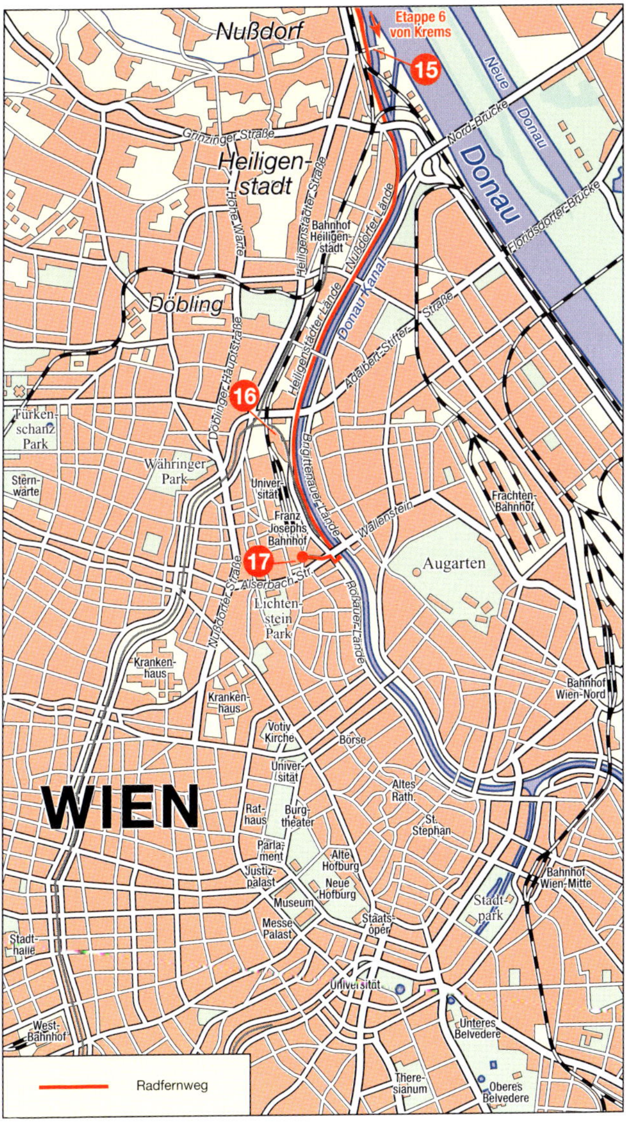
Etappe 6
von Krems
15
16
17
Nußdorf
Neue Donau
Grinzinger Straße
Heiligen-
stadt
Nord-Brücke
Donau
Floridsdorfer-Brücke
Hohe Warte
Heiligenstädter Straße
Bahnhof
Heiligen-
stadt
Nußdorfer Lände
Döbling
Donau Kanal
Heiligenstädter Lände
Adalbert-Stifter-Straße
Döblinger Hauptstraße
Türken-
schanz
Park
Währinger
Park
Stern-
warte
Brigittenauer Lände
Univer-
sität
Franz
Josephs
Bahnhof
Wallenstein
Frachten-
Bahnhof
Augarten
Nußdorfer Straße
Alserbach-Str.
Lichten-
stein
Park
Roßauer Lände
Kranken-
haus
Kranken-
haus
Bahnhof
Wien-Nord
Votiv
Kirche
Börse
Univer-
sität
Altes
Rath.
WIEN
Rat-
haus
Burg-
theater
St.
Stephan
Parla-
ment
Alte
Hofburg
Justiz-
palast
Neue
Hofburg
Bahnhof
Wien-Mitte
Museum
Stadt-
park
Messe
Palast
Staats-
oper
Stadt-
halle
Universität
West-
Bahnhof
Unteres
Belvedere
Radfernweg
There-
sianum
Oberes
Belvedere

Schönstes Verkehrsmittel in Wien

## Radfahren in Wien

**Wien** ausführlich zu beschreiben würde den Rahmen dieses Fahrradführers mit Sicherheit sprengen. Dazu ist die Stadt zu groß, zu vielfältig in ihrem Angebot und auch in ihrer Geschichte. Was hat Wien nicht alles durchgemacht, und welche Geschichten könnte man nicht alle erzählen. Wir beschränken uns daher auf ein paar wichtige Daten und Tips. Auch wenn beim Radfahren jedes Gramm zählt: Wenn Sie Wien kennenlernen möchten, empfehlen wir Ihnen, zumindest einen Reiseführer im (leichten) Taschenformat mitzunehmen. Einen Stadtplan besorgen Sie sich am besten direkt in Wien; die **Tourist-Information Wien** hat auch speziell für **Radler** einen kleinen Prospekt entwickelt: **»Vom Sattel aus entdecken«** liefert wichtige Tips, außerdem gibt es dort auch eine Karte mit allen Radwegen in der Stadt.

Schloß Belvedere

Hauptstadt der süßen Versuchung

## Ein paar Fakten zu Wien:

Wien hat 1,6 Mio. Einwohner und zählt damit zu den größten Städten Europas. Die Stadt ist in **23 Bezirke** aufgeteilt, deren Numerierung vom Stadtzentrum aus nach außen geht, 1. Bezirk ist also die Stadtmitte. In Wien bewegt man sich am schnellsten mit der U-Bahn, Straßenbahnen und Busse stehen mit den Autos zu den Hauptverkehrszeiten im Stau, das Fortbewegungsmittel Rad ist nur bedingt zu empfehlen, obwohl es inzwischen rund **300 km Radwege** gibt; die Innenstadt kann man aber wunderbar zu Fuß erkunden. Das schönste Verkehrsmittel in Wien ist natürlich der **»Fiaker«**; aber bitte vor Fahrtantritt den Preis aushandeln.

Die »wichtigsten« Sehenswürdigkeiten sind zweifellos: **Stephansdom, Hofburg, Prater, Schönbrunn, Belvedere, Schwarzenberg-Palais, unzählige Museen, wie Kunsthistorisches, Naturhistorisches, oder das Hundertwasserhaus, Wiener Kaffeehäuser, Donauinsel, Getreidemarkt und Naschmarkt** und, und, und …

Volksgarten

## Einige Daten aus der Stadtgeschichte:

**um 5000 vor Chr.:** erste Spuren menschlicher Ansiedlung.

**15 v. Chr.:** Kaiser Augustus erobert das Königreich Noricum und damit auch Wien.

**Um 100 n. Chr.:** römisches Militärlager Vinobona.

**5. Jh.:** Die Hunnen erobern Wien, das Römische Reich zerfällt.

**881:** erste urkundliche Erwähnung Wiens (Wenia).

**1137:** Wien erhält das Stadtrecht.

**1282:** Die Habsburger lösen die Regentschaft der Babenberger ab.

**1529 und 1683:** Belagerung durch die Türken, diese vergessen bei ihrem Rückzug einige Säcke Kaffee und gründen damit angeblich die Wiener Kaffeehauskultur.

**1805:** Napoleon besetzt Wien.

**1814/15:** Niedergang des Reiches von Napoleon und Wiener Kongreß;

**1873:** Weltausstellung in Wien;

**1918:** Kriegsende und 1. österreichische Republik;

**1938:** Annexion durch Hitler.

**1945:** Die Rote Armee befreit Wien.

**Bildnachweis**

S. 5: Tourismusregion Wachau-Nibelungengau
S. 9: Oberösterreich Werbung GmbH - Schwager
S. 21: Tourismusregion Wachau-Nibelungengau - Malina
S. 24: Österreichische Bundesbahnen
S. 29: Passau Tourismus e. V. - Cl. u. M. Haslinger
S. 35: Rotel Inn
S. 37: Tourismusverband Ostbayern e. V. - Mayer
S. 40: Georg Höltl GmbH
S. 45: Tourismusverband Engelhartszell - König
S. 49: Oberösterreich Werbung GmbH - Schwager
S. 55: Tourismusverband Mostarrichi - Böck
S. 59: Oberösterreich Werbung GmbH - Schwager
S. 61: Tourismusverband Linz
S. 65: Tourismusverband Linz
S. 66: Tourismusverband Linz
S. 69: Tourismusverband Mostarrichi - Böck
S. 79: Tourismusverband Mostarrichi
S. 81: Tourismusverband Mostarrichi - Böck
S. 83: Oberösterreich Werbung GmbH - Fersterer
S. 91: Tourismusregion Wachau-Nibelungengau
S. 92: Tourismusverband Grein - Wiesinger
S. 106: Tourismusregion Wachau-Nibelungengau - Schön
S. 110 u.: Tourismusregion Wachau-Nibelungengau - FVV
S. 111: Stift Melk - Baumgartner
S. 116: Tourismusregion Wachau-Nibelungengau - Schön
S. 120: Tourismusregion Wachau-Nibelungengau - Schön
S. 125: Tourismusregion Wachau-Nibelungengau - Schön
S. 128: Tourismusregion Wachau-Nibelungengau - Grimm
S. 135: Hoyos'sche Forstverwaltung
S. 139: Österreich Werbung
S. 145: Oberösterreich Werbung GmbH - Wiesenhofer
S. 146: Tourismusregion Wachau-Nibelungengau - Storto
S. 151: Österr. Donaukraftwerke AG (Freigegeben vom Bundesministerium für Landesverteidigung mit ZL 13088/87 - 1.6/93) - Löb
S. 156: Österreich Werbung - Kalmar
S. 157: Österreich Werbung - Wiesenhofer
S. 158: Österreich Werbung - Kalmar
S. 159: Österreich Werbung - Maxum

Alle übrigen Abbildungen: Claudia und Bernd Meerstein

Verlag und Autoren bedanken sich herzlich bei allen Leihgebern und Fotografen für das ausgezeichnete Bildmaterial.